公路工程建设项目概算预算编制办法及各省补充规定汇编

（2020 年版）

本书编委会　编

人民交通出版社股份有限公司
北　京

图书在版编目(CIP)数据

公路工程建设项目概算预算编制办法及各省补充规定汇编：2020年版/《公路工程建设项目概算预算编制办法及各省补充规定汇编：2020年版》编委会编. —北京：人民交通出版社股份有限公司，2020.6

ISBN 978-7-114-16656-3

Ⅰ. ①公… Ⅱ. ①公… Ⅲ. ①道路工程—基本建设项目—概算编制②道路工程—基本建设项目—预算编制 Ⅳ. ①U415.13

中国版本图书馆CIP数据核字(2020)第107907号

Gonglu Gongcheng Jianshe Xiangmu Gaisuan Yusuan Bianzhi Banfa ji Gesheng Buchong Guiding Huibian

书　　名：公路工程建设项目概算预算编制办法及各省补充规定汇编(2020年版)

著 作 者：本书编委会

责任编辑：王海南

责任校对：孙国靖　宋佳时

责任印制：刘高彤

出版发行：人民交通出版社股份有限公司

地　　址：(100011)北京市朝阳区安定门外外馆斜街3号

网　　址：http://www.ccpcl.com.cn

销售电话：(010)59757973

总 经 销：人民交通出版社股份有限公司发行部

经　　销：各地新华书店

印　　刷：北京市密东印刷有限公司

开　　本：787×1092　1/16

印　　张：12.5

字　　数：305千

版　　次：2020年6月　第1版

印　　次：2020年6月　第1次印刷

书　　号：ISBN 978-7-114-16656-3

定　　价：70.00元

目　　录

《公路工程建设项目概算预算编制办法》
(JTG 3830—2018)

1　总则

1.0.1　为加强公路工程造价管理,合理确定和有效控制工程造价,制定本办法。

1.0.2　本办法适用于编制新建、改(扩)建的公路工程建设项目设计概算和施工图预算。

1.0.3　设计概算是初步设计文件和技术设计文件的重要组成部分。经批准后的概算应是建设项目投资的最高限额。

1.0.4　施工图预算是施工图设计文件的重要组成部分。施工图预算应控制在批准的设计概算范围之内。

1.0.5　编制设计概算和施工图预算时,应根据项目的设计文件,全面了解工程所在地的建设条件,掌握各项基础资料,正确引用定额、取费标准、人工单价、材料与设备价格,按本办法进行编制。

1.0.6　公路工程建设项目的设计概算或施工图预算造价文件分多段编制时,应统一编制原则,将分段造价汇总成项目总造价。总造价与前一阶段总造价应做对比分析,以利于造价控制。需单独反映造价的联络线、支线以及规模较大的辅道、连接线工程,应单独编制造价文件,并汇总至项目总造价。

1.0.7　本办法及配套定额未包含的专业工程的建筑安装工程费可执行相应行业定额及规定。

1.0.8　各省(自治区、直辖市)交通运输主管部门,可在本办法的基础上结合当地实际情况制定补充规定。

1.0.9 编制设计概算和施工图预算时,除应符合本办法的规定外,尚应符合国家及行业现行有关标准的规定。

2 概算预算编制方法

2.1 基本规定

2.1.1 编制概算、预算时应根据现行《公路工程概算定额》(JTG/T 3831)、《公路工程预算定额》(JTG/T 3832)规定的人工、材料与设备、机械台班消耗量和按本办法规定的概算、预算编制时工程所在地的人工费工日单价、材料预算单价和施工机械台班单价计算出工程项目的工、料、机费用,并按本办法的规定计算各项费用。

2.2 编制依据

2.2.1 设计概算编制依据应包括下列内容:

1 国家发布的有关法律、法规等。

2 本办法及配套定额。

3 工程所在地省级交通运输主管部门发布的补充规定和定额等。

4 可行性研究报告的批(核)准文件(修正概算时为初步设计批复文件)等有关资料。

5 初步设计(或技术设计)图纸等设计文件、工程施工方案(含施工组织设计)。

6 工程所在地的人工、材料与设备、施工机械价格等。

7 有关合同、协议等。

8 其他有关资料。

2.2.2 施工图预算编制依据应包括下列内容:

1 国家发布的有关法律、法规等。

2 本办法及配套定额。

3 工程所在地省级交通运输主管部门发布的补充规定和定额等。

4 批准的初步设计文件(或技术设计文件,若有)等有关资料。

5 施工图设计图纸等设计文件、工程施工方案(含施工组织设计)。

6 工程所在地的人工、材料与设备、施工机械价格等。

7 有关合同、协议等。

8 其他有关资料。

2.3 文件组成

2.3.1 概算、预算文件应由封面、扉页、目录、编制说明及全部计算表格组成。

2.3.2 封面和扉页应按现行《公路工程基本建设项目设计文件编制办法》中的规定制作。扉页的次页和目录应按本办法附录 A 的规定制作。

2.3.3 编制说明应包括下列内容:

1 建设项目设计文件的依据。

2 编制范围、工程概况等。

3 采用的定额、费用标准,人工、材料与设备、施工机械台班预算单价的依据或来源,新增工艺的单价分析等。

4 有关的协议书、会议纪要的主要内容。

5 概算、预算总金额,人工、钢材、水泥、沥青等的总量。

6 各设计方案的经济比较。

7 项目综合经济技术指标统计,对比分析本阶段与上阶段工程数量、造价的变化情况。

8 其他有关费用计算项及计价依据的说明。

9 采用的公路工程造价软件名称及版本号。

10 其他需要说明的问题。

2.3.4 概算、预算的材料与设备、施工机械台班单价及各项费用的计算均应通过规定的统一表格表述,表格样式应符合本办法附录 A 的规定。

2.3.5 概算、预算文件可按不同的需要分为甲、乙组文件,并应符合下列规定:

1 甲组文件为各项费用计算表,乙组文件为建筑安装工程费各项基础数据计算表。甲、乙组文件应按现行《公路工程基本建设项目设计文件编制办法》中关于设计文件报送份数的要求,随设计文件一并报送,并同时提交可计算的造价电子数据文件和新工艺单价分析的详细资料。

2 乙组文件中的"分项工程概(预)算表"(21-2 表)可只提交电子版,或按需要提交纸质版。

3 概算、预算应按一个建设项目[如一条路线或一座独立大(中)桥、隧道]进行编制。当一个建设项目需要分段或分部编制时,应根据需要分别编制,但必须汇总编制"总概(预)算汇总表"。

4 甲、乙组文件包括的内容如图 2.3.5 所示。

2.3.6 各种表格的计算顺序和相互关系如图 2.3.6 所示。

甲组文件
- 编制说明
- 项目前后阶段费用对比表
- 建设项目属性及技术经济信息表(00表)
- 总概(预)算汇总表(01-1表)
- 总概(预)算人工、主要材料、施工机械台班数量汇总表(02-1表)
- 总概(预)算表(01表)
- 人工、主要材料、施工机械台班数量汇总表(02表)
- 建筑安装工程费计算表(03表)
- 综合费率计算表(04表)
- 综合费计算表(04-1表)
- 设备费计算表(05表)
- 专项费用计算表(06表)
- 土地使用及拆迁补偿费计算表(07表)
- 工程建设其他费计算表(08表)
- 人工、材料、施工机械台班单价汇总表(09表)

a)甲组文件

乙组文件
- 分项工程概(预)算计算数据表(21-1表)
- 分项工程概(预)算表(21-2表)
- 材料预算单价计算表(22表)
- 自采材料料场价格计算表(23-1表)
- 材料自办运输单位运费计算表(23-2表)
- 施工机械台班单价计算表(24表)
- 辅助生产人工、材料、施工机械台班单位数量表(25表)

b)乙组文件

图2.3.5　甲、乙组文件包含的内容

2.4　概算预算项目及编码规则

2.4.1　概算、预算项目应按项目表的序列及内容编制。当实际出现的工程和费用项目与项目表的内容不完全相符时,第一、二、三、四、五部分和“项”的序号、内容应保留不变,项目表中的“项”以下的分项在引用时应保持序号、内容不变,缺少的分项内容可随需要就近增加,并按项目表的顺序以实际出现的级别依次排列,不保留缺少的“项”以下的项目序号。

2.4.2　概算、预算项目主要内容如图2.4.2所示,概算预算项目表的详细内容见本办法附录B。

2.4.3　分项编号采用部(1位数)、项(2位数)、目(2位数)、节(2位数)、细目(2位数)组成,以部、项、目、节、细目等依次逐层展开,概预算分项编号详见附录B。

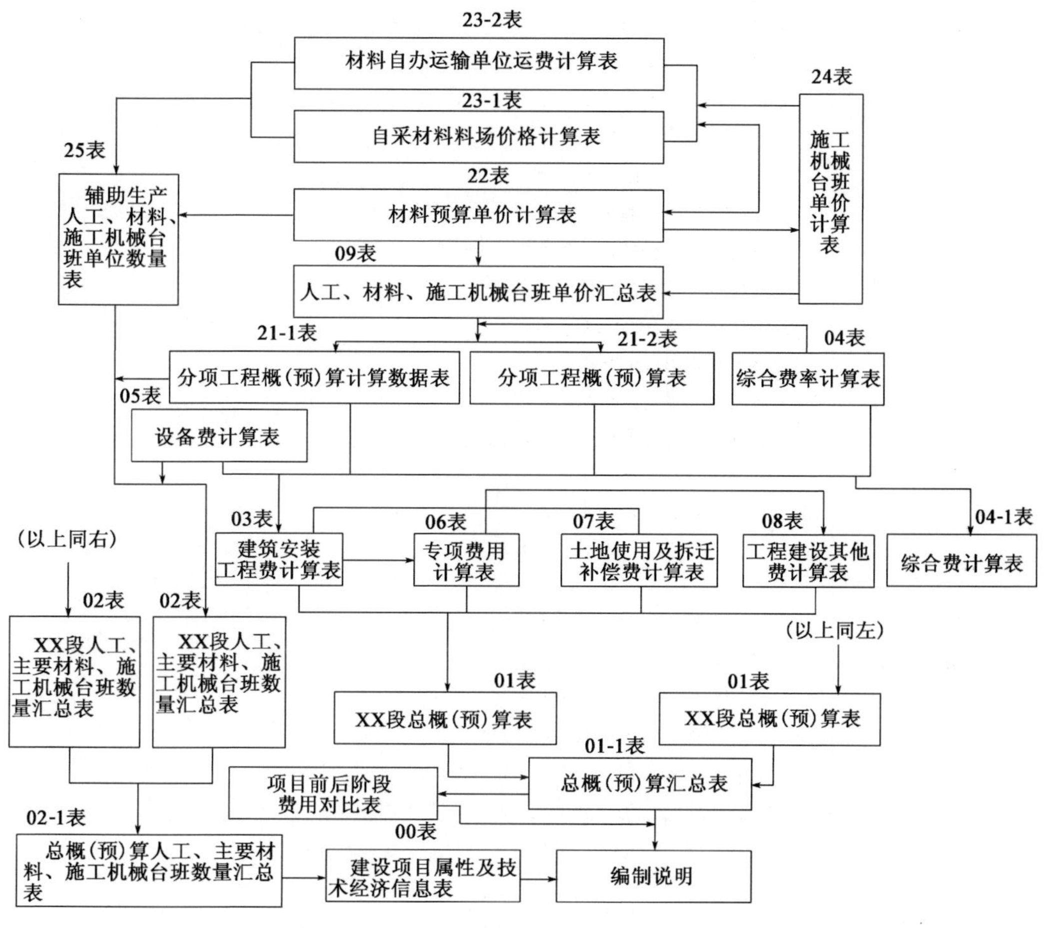

图 2.3.6 各种表格的计算顺序和相互关系

第一部分　建筑安装工程费
　第一项　临时工程
　第二项　路基工程
　第三项　路面工程
　第四项　桥梁涵洞工程
　第五项　隧道工程
　第六项　交叉工程
　第七项　交通工程及沿线设施
　第八项　绿化及环境保护工程
　第九项　其他工程
　第十项　专项费用
　　1. 施工场地建设费
　　2. 安全生产费
第二部分　土地使用及拆迁补偿费
第三部分　工程建设其他费
第四部分　预备费
第五部分　建设期贷款利息

图 2.4.2 概算、预算项目主要内容

2.5 费用组成

2.5.1 概算、预算的费用组成如图 2.5.1 所示。

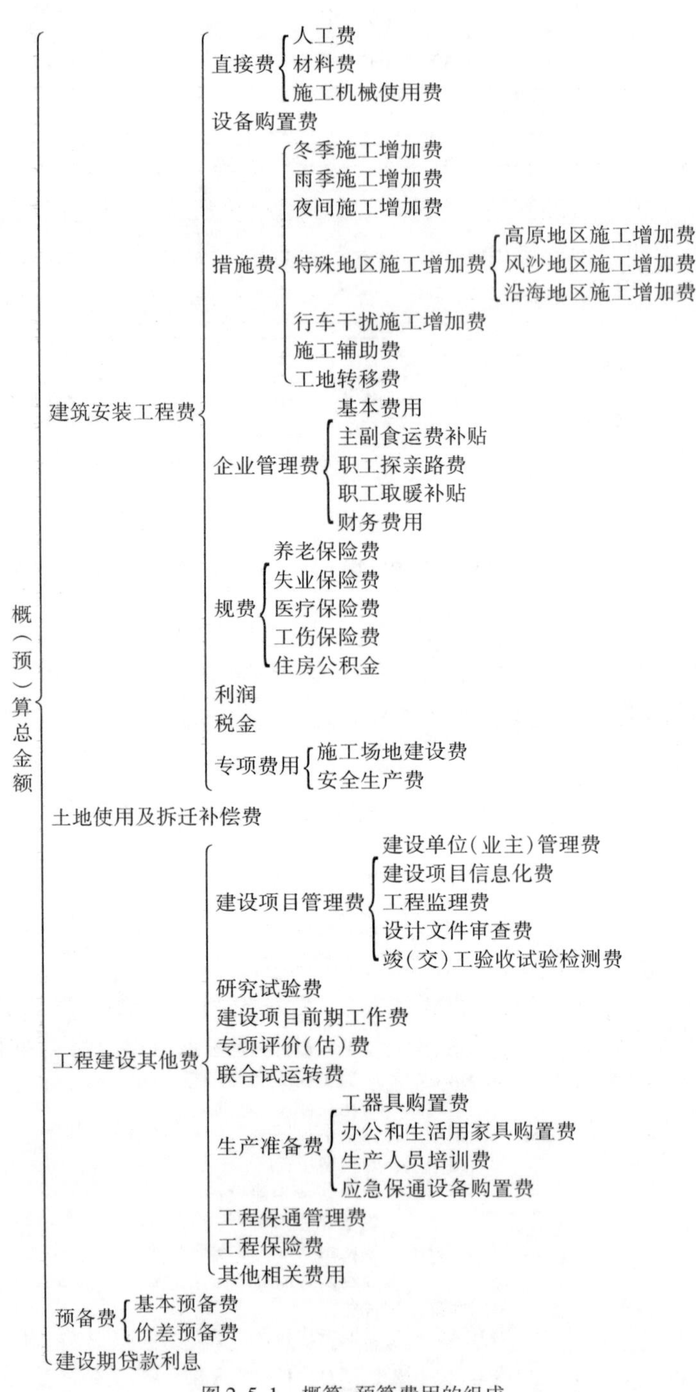

图 2.5.1 概算、预算费用的组成

3 概算预算费用标准和计算方法

3.1 建筑安装工程费

3.1.1 建筑安装工程费包括直接费、设备购置费、措施费、企业管理费、规费、利润、税金和专项费用。建筑安装工程费除专项费用外,其他均按“价税分离”计价规则计算,即各项费用均以不含增值税可抵扣进项税额的价格(费率)进行计算,具体要素价格适用增值税税率执行财税部门的相关规定。定额建筑安装工程费包括定额直接费、定额设备购置费的40%、措施费、企业管理费、规费、利润、税金和专项费用,定额直接费包括定额人工费、定额材料费、定额施工机械使用费。

定额人工费、定额材料费、定额施工机械使用费以及定额设备购置费均按《公路工程预算定额》(JTG/T 3832—2018)附录四“定额人工、材料、设备单价表”及现行《公路工程机械台班费用定额》(JTG/T 3833)中规定的人工、材料、设备、机械的相应基价计算的定额费用计取。

3.1.2 直接费指施工过程中耗费的构成工程实体和有助于工程形成的各项费用,包括人工费、材料费、施工机械使用费。

1 人工费指列入概算、预算定额的直接从事建筑安装工程施工的生产工人开支的各项费用。

1)包括:

——计时工资或计件工资:指按计时工资标准和工作时间或对已做工作按计件单价支付给个人的劳动报酬。

——津贴、补贴:指为了补偿职工特殊或额外的劳动消耗和因其他特殊原因支付给个人的津贴,以及为了保证职工工资水平不受物价影响支付给个人的物价补贴。如流动施工津贴、特殊地区施工津贴、高温(寒)作业临时津贴、高空津贴等。

——特殊情况下支付的工资:指根据国家法律、法规和政策规定,因病、工伤、产假、计划生育假、婚丧假、事假、探亲假、定期休假、停工学习、执行国家或社会义务等原因按计时工资标准或计件工资标准的一定比例支付的工资。

2)人工费以概算、预算定额人工工日数乘以综合工日单价计算。

3)人工费标准按照本地区公路建设项目的人工工资统计情况以及公路建设劳务市场情况进行综合分析、确定人工工日单价。人工工日单价由省级交通运输主管部门制定发布,并适时进行动态调整。人工工日单价仅作为编制概算、预算的依据,不作为施工企业实发工资的依据。

2 材料费指施工过程中耗用的构成工程实体的原材料、辅助材料、构配件、零件、半成品或成品等,按工程所在地的材料价格计算的费用。

1)材料预算价格由材料原价、运杂费、场外运输损耗、采购及保管费组成。

2)材料预算价格 =(材料原价 + 运杂费)×(1 + 场外运输损耗率)×(1 + 采购及保管费率)- 包装品回收价值。

——各种材料原价按下列规定计算:

a)外购材料:外购材料价格参照本行政区域内交通运输主管部门发布的价格和按调查的市场价格进行综合取定。

b)自采材料:自采的砂、石、黏土等,按定额中开采单价加辅助生产间接费和矿产资源税(如有)计算。

——运杂费指材料自供应地点至工地仓库(施工地点存放材料的地方)的费用,包括装卸费、运费,如果发生,还应计囤存费及其他杂费(如过磅、标签、支撑加固、路桥通行等费用)。

a)通过铁路、水路和公路运输的材料,按调查的市场运价计算运费。

b)一种材料当有两个以上的供应点时,应根据不同的运距、运量、运价采用加权平均的方法计算运费。由于概算、预算定额中已考虑了工地运输便道的特点,以及定额中已计入了“工地小搬运”的费用,因此汽车运输平均运距中不得乘调整系数,也不得在工地仓库或堆料场之外再加场内运距或二次倒运的运距。

c)有容器或包装的材料及长大轻浮材料,应按表3.1.2-1规定的毛质量计算。桶装沥青、汽油、柴油按每吨摊销一个旧汽油桶计算包装费(不计回收)。

表3.1.2-1 材料毛质量系数及单位毛质量表

材料名称	单位	毛质量系数(%)	单位毛质量
爆破材料	t	1.35	—
水泥、块状沥青	t	1.01	—
铁钉、铁件、焊条	t	1.10	—
液体沥青、液体燃料、水	t	桶装1.17,油罐车装1.00	—
木料	m^3	—	原木0.750t,锯材0.650t
草袋	个	—	0.004t

——场外运输损耗指有些材料在正常的运输过程中发生的损耗。材料场外运输损耗率见表3.1.2-2。

表3.1.2-2 材料场外运输损耗率表(%)

材料名称		场外运输(包括一次装卸)	每增加一次装卸
块状沥青		0.5	0.2
石屑、碎砾石、砂砾、煤渣、工业废渣、煤		1.0	0.4
砖、瓦、桶装沥青、石灰、黏土		3.0	1.0
草皮		7.0	3.0
水泥(袋装、散装)		1.0	0.4
砂	一般地区	2.5	1.0
	风沙地区	5.0	2.0

注:汽车运水泥,当运距超过500km时,袋装水泥损耗率增加0.5个百分点。

——采购及保管费:

a)材料采购及保管费指在组织采购、保管过程中,所需的各项费用及工地仓库的材料储存损耗。

b)材料采购及保管费,以材料的原价加运杂费及场外运输损耗的合计数为基数,乘以采购及保管费费率计算。

c)钢材的采购及保管费费率为0.75%,燃料、爆破材料为3.26%,其余材料为2.06%。商品水泥混凝土、沥青混合料和各类稳定土混合料、外购的构件、成品及半成品的预算价格计算方法与材料相同。商品水泥混凝土、沥青混合料和各类稳定土混合料不计采购及保管费,外购的构件、成品及半成品的采购及保管费费率为0.42%。

3 施工机械使用费指列入概算、预算定额的工程机械和工程仪器仪表台班数量,按相应的施工机械台班费用定额计算的费用等。

1)工程机械使用费。机械台班预算价格应按现行《公路工程机械台班费用定额》(JTG/T 3833)计算,机械台班单价由不变费用和可变费用组成。不变费用包括折旧费、检修费、维护费、安拆辅助费等;可变费用包括机上人员人工费、动力燃料费、车船税。可变费用中的人工工日数及动力燃料消耗量,应以机械台班费用定额中的数值为准。台班人工费工日单价同生产工人人工费单价。动力燃料费用则按材料费的计算规定计算。

2)工程仪器仪表使用费指机电工程施工作业所发生的仪器仪表使用费,以施工仪器仪表台班耗用量乘以施工仪器仪表台班单价计算。

——工程仪器仪表台班预算价格应按现行《公路工程机械台班费用定额》(JTG/T 3833)计算。台班人工费工日单价同生产工人人工费单价。动力燃料费用则按材料费的计算规定计算。

——当工程用电为自行发电时,电动机械每kW·h(度)电的单价可由下述公式计算:

$$A = 0.15K/N \qquad (3.1.2)$$

式中:A——每kW·h电单价(元);

K——发电机组的台班单价(元);

N——发电机组的总功率(kW)。

3.1.3 设备购置费指为满足公路初期运营、管理需要购置的构成固定资产标准的设备和虽低于固定资产标准但属于设计明确列入设备清单的设备的费用,包括渡口设备,隧道照明、消防、通风的动力设备,公路收费、监控、通信、路网运行监测、供配电及照明设备等。

1 设备购置费应列出计划购置的清单(包括设备的规格、型号、数量),以设备预算价计入。

2 设备购置费包括设备原价、运杂费、运输保险费、采购及保管费,各种税费按编制期有关部门规定计算。

3 需要安装的设备,按建筑安装工程费的有关规定计算设备的安装工程费。设备与材料的划分标准本办法见附录C。

3.1.4 工程类别划分如下:

1 土方:指人工及机械施工的土方工程、路基掺灰、路基换填及台背回填。

2　石方:指人工及机械施工的石方工程。

3　运输:指用汽车、拖拉机、机动翻斗车、船舶等运送土石方、路面基层和面层混合料、水泥混凝土及预制构件、绿化苗木等工程。

4　路面:指路面所有结构层工程、路面附属工程、便道以及特殊路基处理工程(不含特殊路基处理中的圬工构造物)。

5　隧道:指隧道土建工程(不含隧道的钢材及钢结构)。

6　构造物Ⅰ:指砍树挖根、拆除工程、排水、防护、特殊路基处理中的圬工构造物、涵洞、交通安全设施、拌和站(楼)安拆工程、便桥、便涵、临时电力和电信设施、临时轨道、临时码头、绿化工程等工程。

7　构造物Ⅱ:指小桥、中桥、大桥、特大桥工程。

8　构造物Ⅲ:指商品水泥混凝土的浇筑、商品沥青混合料和各类商品稳定土混合料的铺筑、外购混凝土构件、设备安装工程等。

9　技术复杂大桥:指钢管拱桥、斜拉桥、悬索桥、单孔跨径在 120m 以上(含 120m)和基础水深在 10m 以上(含 10m)的大桥主桥部分的基础、下部和上部工程(不含桥梁的钢材及钢结构)。

10　钢材及钢结构:指所有工程的钢材及钢结构等工程。

3.1.5　购买的路基填料、绿化苗木、商品水泥混凝土、商品沥青混合料和各类稳定土混合料、外购混凝土构件不作为措施费及企业管理费的计算基数。

3.1.6　措施费包括冬季施工增加费、雨季施工增加费、夜间施工增加费、特殊地区施工增加费、行车干扰施工增加费、施工辅助费、工地转移费。

1　冬季施工增加费指按照公路工程施工及验收规范所规定的冬季施工要求,为保证工程质量和安全生产所需采取的防寒保温设施、工效降低和机械作业效率降低以及技术操作过程的改变等所增加的有关费用。

1)冬季施工增加费的内容包括:

——因冬季施工所需增加的一切人工、机械与材料的支出。

——施工机械所需修建的暖棚(包括拆、移),增加其他保温设备购置费用。

——因施工组织设计确定,需增加的一切保温、加温等有关支出。

——清除工作地点的冰雪等与冬季施工有关的其他各项费用。

2)全国冬季施工气温区划分表见本办法附录 D。

3)冬季施工增加费的计算方法,是根据各类工程的特点,规定各气温区的取费标准。为了简化计算手续,采用全年平均摊销的方法,即不论是否在冬季施工,均按规定的取费标准计取冬季施工增加费。

4)一条路线穿过两个以上气温区时,可分段计算或按各区的工程量比例求得全线的平均增加率,计算冬季施工增加费。

5)冬季施工增加费以各类工程的定额人工费和定额施工机械使用费之和为基数,按工程所在地的气温区选用表 3.1.6-1 的费率计算。

表 3.1.6-1 冬季施工增加费费率表(%)

工程类别	冬季期平均温度(℃)								准一区	准二区
	-1 以上		-1 ~ -4		-4 ~ -7	-7 ~ -10	-10 ~ -14	-14 以下		
	冬一区		冬二区		冬三区	冬四区	冬五区	冬六区		
	Ⅰ	Ⅱ	Ⅰ	Ⅱ						
土方	0.835	1.301	1.800	2.270	4.288	6.094	9.140	13.720	—	—
石方	0.164	0.266	0.368	0.429	0.859	1.248	1.861	2.801	—	—
运输	0.166	0.25	0.354	0.437	0.832	1.165	1.748	2.643	—	—
路面	0.566	0.842	1.181	1.371	2.449	3.273	4.909	7.364	0.073	0.198
隧道	0.203	0.385	0.548	0.710	1.175	1.52	2.269	3.425	—	—
构造物Ⅰ	0.652	0.940	1.265	1.438	2.607	3.527	5.291	7.936	0.115	0.288
构造物Ⅱ	0.868	1.240	1.675	1.902	3.452	4.693	7.028	10.542	0.165	0.393
构造物Ⅲ	1.616	2.296	3.114	3.523	6.403	8.680	13.020	19.520	0.292	0.721
技术复杂大桥	1.019	1.444	1.975	2.230	4.057	5.479	8.219	12.338	0.170	0.446
钢材及钢结构	0.04	0.101	0.141	0.181	0.301	0.381	0.581	0.861	—	—

注:绿化工程不计冬季施工增加费。

2 雨季施工增加费指雨季期间施工为保证工程质量和安全生产所需采取的防雨、排水、防潮和防护措施、工效降低和机械作业率降低以及技术操作过程的改变等,所需增加的有关费用。

1)雨季施工增加费的内容包括:

——因雨季施工所需增加的工、料、机费用的支出,包括工作效率的降低及易被雨水冲毁的工程所增加的清理坍塌基坑和堵塞排水沟、填补路基边坡冲沟等工作内容。

——路基土方工程的开挖和运输,因雨季施工(非土壤中水影响)而引起的黏附工具、降低工效所增加的费用。

——因防止雨水必须采取的挖临时排水沟、防止基坑坍塌所需的支撑、挡板等防护措施费用。

——材料因受潮、受湿的耗损费用。

——增加防雨、防潮设备的费用。

——因河水高涨致使工作困难等其他有关雨季施工所需增加的费用。

2)全国雨季施工雨量区及雨季期划分见本办法附录 E。

3)雨季施工增加费的计算方法,是将全国划分为若干雨量区和雨季期,并根据各类工程的特点规定各雨量区和雨季期的取费标准。为了简化计算手续,采用全年平均摊销的方法,即不论是否在雨季施工,均按规定的取费标准计取雨季施工增加费。

4)一条路线通过不同的雨量区和雨季期时,应分别计算雨季施工增加费或按工程量比例求得平均的增加率,计算全线雨季施工增加费。

5)雨季施工增加费以各类工程的定额人工费和定额施工机械使用费之和为基数,按工程所在地的雨量区、雨季期选用表 3.1.6-2 的费率计算。

表 3.1.6-2　雨季施工增加费费率表(%)

工程类别	雨季期(月数)																			
	1	1.5	2		2.5		3		3.5		4		4.5		5		6		7	8
	雨量区																			
	Ⅰ	Ⅰ	Ⅰ	Ⅱ	Ⅰ	Ⅱ	Ⅰ	Ⅱ	Ⅰ	Ⅱ	Ⅰ	Ⅱ	Ⅰ	Ⅱ	Ⅰ	Ⅱ	Ⅰ	Ⅱ	Ⅱ	Ⅱ
土方	0.140	0.175	0.245	0.385	0.315	0.455	0.385	0.525	0.455	0.595	0.525	0.700	0.595	0.805	0.665	0.939	0.764	1.114	1.289	1.499
石方	0.105	0.140	0.212	0.349	0.280	0.420	0.349	0.491	0.418	0.563	0.487	0.667	0.555	0.772	0.626	0.876	0.701	1.018	1.194	1.373
运输	0.142	0.178	0.249	0.391	0.320	0.462	0.391	0.568	0.462	0.675	0.533	0.781	0.604	0.888	0.675	0.959	0.781	1.136	1.314	1.527
路面	0.115	0.153	0.230	0.366	0.306	0.480	0.366	0.557	0.425	0.634	0.501	0.710	0.578	0.825	0.654	0.940	0.749	1.093	1.267	1.459
隧道	—	—	—	—	—	—	—	—	—	—	—	—	—	—	—	—	—	—	—	—
构造物Ⅰ	0.098	0.131	0.164	0.262	0.196	0.295	0.229	0.360	0.262	0.426	0.327	0.491	0.393	0.557	0.458	0.622	0.524	0.753	0.884	1.015
构造物Ⅱ	0.106	0.141	0.177	0.282	0.247	0.353	0.282	0.424	0.318	0.494	0.388	0.565	0.459	0.636	0.530	0.742	0.600	0.883	1.059	1.201
构造物Ⅲ	0.200	0.266	0.366	0.565	0.466	0.699	0.565	0.832	0.665	0.998	0.765	1.164	0.898	1.331	1.031	1.497	1.164	1.730	1.996	2.295
技术复杂大桥	0.109	0.181	0.254	0.363	0.290	0.435	0.363	0.508	0.435	0.580	0.508	0.689	0.580	0.798	0.653	0.907	0.725	1.052	1.233	1.414
钢材及钢结构	—	—	—	—	—	—	—	—	—	—	—	—	—	—	—	—	—	—	—	—

注:室内和隧道内工程及设备安装工程不计雨季施工增加费。

3 夜间施工增加费指根据设计、施工技术规范和合理的施工组织要求，必须在夜间施工或必须昼夜连续施工而发生的夜班补助费、夜间施工降效、施工照明设备摊销及照明用电等费用。夜间施工增加费以夜间施工工程项目的定额人工费与定额施工机械使用费之和为基数，按表3.1.6-3的费率计算。

表3.1.6-3 夜间施工增加费费率表(%)

工程类别	费率	工程类别	费率
构造物Ⅱ	0.903	构造物Ⅲ	1.702
技术复杂大桥	0.928	钢材及钢结构	0.874

注:设备安装工程及金属标志牌、防撞钢护栏、防眩板(网)、隔离栅、防护网等不计夜间施工增加费。

4 特殊地区施工增加费包括高原地区施工增加费、风沙地区施工增加费和沿海地区施工增加费三项。

1)高原地区施工增加费指在海拔2000m以上地区施工，由于受气候、气压的影响，致使人工、机械效率降低而增加的费用。

——一条路线通过两个以上(含两个)不同的海拔分区时，应分别计算高原地区施工增加费或按工程量比例求得平均的增加率，计算全线高原地区施工增加费。

——高原地区施工增加费以各类工程的定额人工费与定额施工机械使用费之和为基数，按表3.1.6-4的费率计算。

表3.1.6-4 高原地区施工增加费费率表(%)

工程类别	海拔(m)						
	2001~2500	2501~3000	3001~3500	3501~4000	4001~4500	4501~5000	5000以上
土方	13.295	19.709	27.455	38.875	53.102	70.162	91.853
石方	13.711	20.358	29.025	41.435	56.875	75.358	100.223
运输	13.288	19.666	26.575	37.205	50.493	66.438	85.040
路面	14.572	21.618	30.689	45.032	59.615	79.500	102.640
隧道	13.364	19.850	28.490	40.767	56.037	74.302	99.259
构造物Ⅰ	12.799	19.051	27.989	40.356	55.723	74.098	95.521
构造物Ⅱ	13.622	20.244	29.082	41.617	57.214	75.874	101.408
构造物Ⅲ	12.786	18.985	27.054	38.616	53.004	70.217	93.371
技术复杂大桥	13.912	20.645	29.257	41.670	57.134	75.640	100.205
钢材及钢结构	13.204	19.622	28.269	40.492	55.699	73.891	98.930

2)风沙地区施工增加费指在沙漠地区施工时，由于受风沙影响，按照施工及验收规范的要求，为保证工程质量和安全生产而增加的有关费用。内容包括防风、防沙及气候影响的措施费，人工、机械效率降低增加的费用，以及积沙、风蚀的清理修复等费用。

——全国风沙地区公路施工区划见本办法附录F。当地气象资料及自然特征与附录F中的风沙地区划分有较大出入时，由项目所在地省级交通运输主管部门按当地气象资料和自然特征及上述划分标准确定工程所在地的风沙区划。

——一条路线穿过两个以上不同风沙区时，按路线长度经过不同的风沙区加权计算项目全线风沙地区施工增加费。

——风沙地区施工增加费以各类工程的定额人工费和定额施工机械使用费之和为基数,根据工程所在地的风沙区划及类别,按表3.1.6-5的费率计算。

表3.1.6-5　风沙地区施工增加费费率表(%)

工程类别	风沙一区			风沙二区			风沙三区		
	沙漠类型								
	固定	半固定	流动	固定	半固定	流动	固定	半固定	流动
土方	4.558	8.056	13.674	5.618	12.614	23.426	8.056	17.331	27.507
石方	0.745	1.490	2.981	1.014	2.236	3.959	1.490	3.726	5.216
运输	4.304	8.608	13.988	5.38	12.912	19.368	8.608	18.292	27.976
路面	1.364	2.727	4.932	2.205	4.932	7.567	3.365	7.137	11.025
隧道	0.261	0.522	1.043	0.355	0.783	1.386	0.522	1.304	1.826
构造物Ⅰ	3.968	6.944	11.904	4.96	10.912	16.864	6.944	15.872	23.808
构造物Ⅱ	3.254	5.694	9.761	4.067	8.948	13.828	5.694	13.015	19.523
构造物Ⅲ	2.976	5.208	8.928	3.720	8.184	12.648	5.208	11.904	17.226
技术复杂大桥	2.778	4.861	8.333	3.472	7.638	11.805	8.861	11.110	16.077
钢材及钢结构	1.035	2.07	4.14	1.409	3.105	5.498	2.07	5.175	7.245

3)沿海地区施工增加费指工程项目在沿海地区施工受海风、海浪和潮汐的影响,致使人工、机械效率降低等所需增加的费用。本项费用,由沿海各省份省级交通运输主管部门制定具体的适用范围(地区)。沿海地区施工增加费以各类工程的定额人工费和定额施工机械使用费之和为基数,按表3.1.6-6的费率计算。

表3.1.6-6　沿海地区施工增加费费率表(%)

工程类别	费率	工程类别	费率
构造物Ⅱ	0.207	构造物Ⅲ	0.195
技术复杂大桥	0.212	钢材及钢结构	0.200

注:1. 表中的构造物Ⅲ指桥梁工程所用的商品水泥混凝土浇筑及混凝土构件、钢构件的安装。

2. 表中的钢材及钢结构指桥梁工程所用的钢材及钢结构。

5　行车干扰施工增加费指由于边施工边维持通车,受行车干扰的影响,致使人工、机械效率降低而增加的费用。该费用以受行车影响部分的工程项目的定额人工费和定额施工机械使用费之和为基数,按表3.1.6-7的费率计算。

表3.1.6-7　行车干扰施工增加费费率表(%)

工程类别	施工期间平均每昼夜双向行车次数(机动车、非机动车合计)							
	51~100	101~500	501~1000	1001~2000	2001~3000	3001~4000	4001~5000	5000以上
土方	1.499	2.343	3.194	4.118	4.775	5.314	5.885	6.468
石方	1.279	1.881	2.618	3.479	4.035	4.492	4.973	5.462
运输	1.451	2.230	3.041	4.001	4.641	5.164	5.719	6.285
路面	1.390	2.098	2.802	3.487	4.046	4.496	4.987	5.475

续上表

工程类别	施工期间平均每昼夜双向行车次数(机动车、非机动车合计)							
	51 ~ 100	101 ~ 500	501 ~ 1000	1001 ~ 2000	2001 ~ 3000	3001 ~ 4000	4001 ~ 5000	5000 以上
隧道	—	—	—	—	—	—	—	—
构造物Ⅰ	0.924	1.386	1.858	2.320	2.693	2.988	3.313	3.647
构造物Ⅱ	1.007	1.516	2.014	2.512	2.915	3.244	3.593	3.943
构造物Ⅲ	0.948	1.417	1.896	2.365	2.745	3.044	3.373	3.713
技术复杂大桥	—	—	—	—	—	—	—	—
钢材及钢结构	—	—	—	—	—	—	—	—

注:新建工程、中断交通进行封闭施工或为保证交通正常通行而修建保通便道的改(扩)建工程,不计行车干扰施工增加费。

6　施工辅助费包括生产工具用具使用费、检验试验费和工程定位复测、工程点交、场地清理等费用。施工辅助费以各类工程的定额直接费为基数,按表3.1.6-8的费率计算。

表3.1.6-8　施工辅助费费率表(%)

工程类别	费率	工程类别	费率
土方	0.521	构造物Ⅰ	1.201
石方	0.470	构造物Ⅱ	1.537
运输	0.154	构造物Ⅲ	2.729
路面	0.818	技术复杂大桥	1.677
隧道	1.195	钢材及钢结构	0.564

1)生产工具用具使用费指施工所需不属于固定资产的生产工具、检验、试验用具及仪器、仪表等的购置、摊销和维修费,以及支付给生产工人自备工具的补贴费。

2)检验试验费指施工企业对建筑材料、构件和建筑安装工程进行一般鉴定、检查所发生的费用,包括自设试验室进行试验所耗用的材料和化学药品的费用,以及技术革新和研究试验费,不包括新结构、新材料的试验费和建设单位要求对具有出厂合格证明的材料进行检验、对构件破坏性试验及其他特殊要求检验的费用。

3)高填方和软基沉降监测、高边坡稳定监测、桥梁施工监测、隧道施工监控量测、超前地质预报等施工监控费含在施工辅助费中,不得另行计算。

7　工地转移费指施工企业迁至新工地的搬迁费用。

1)工地转移费内容包括:

——施工单位职工及随职工迁移的家属向新工地转移的车费、家具行李运费、途中住宿费、行程补助费、杂费等。

——公物、工具、施工设备器材、施工机械的运杂费,以及外租机械的往返费及施工机械、设备、公物、工具的转移费等。

——非固定工人进退场的费用。

2)工地转移费以各类工程的定额人工费和定额施工机械使用费之和为基数,按表3.1.6-9的费率计算。

表 3.1.6-9　工地转移费费率表(%)

工 程 类 别	工地转移距离(km)					
	50	100	300	500	1000	每增加 100
土方	0.224	0.301	0.470	0.614	0.815	0.036
石方	0.176	0.212	0.363	0.476	0.628	0.030
运输	0.157	0.203	0.315	0.416	0.543	0.025
路面	0.321	0.435	0.682	0.891	1.191	0.062
隧道	0.257	0.351	0.549	0.717	0.959	0.049
构造物Ⅰ	0.262	0.351	0.552	0.720	0.963	0.051
构造物Ⅱ	0.333	0.449	0.706	0.923	1.236	0.066
构造物Ⅲ	0.622	0.841	1.316	1.720	2.304	0.119
技术复杂大桥	0.389	0.523	0.818	1.067	1.430	0.073
钢材及钢结构	0.351	0.473	0.737	0.961	1.288	0.063

3)高速公路、一级公路及独立大桥、独立隧道项目转移距离按省级人民政府所在城市至工地的里程计算;二级及二级以下公路项目转移距离按地级城市所在地至工地的里程计算。

4)工地转移里程数在表列里程之间时,费率可内插计算。工地转移距离在 50km 以内的工程按 50km 计算。

8　辅助生产间接费指由施工单位自行开采加工的砂、石等自采材料及施工单位自办的人工、机械装卸和运输的间接费。

1)辅助生产间接费按定额人工费的 3% 计。该项费用并入材料预算单价内构成材料费,不直接出现在概(预)算中。

2)高原地区施工单位的辅助生产,可按高原地区施工增加费费率,以定额人工费与施工机械费之和为基数计算高原地区施工增加费(其中:人工采集、加工材料、人工装卸、运输材料按土方费率计算;机械采集、加工材料按石方费率计算;机械装、运输材料按运输费率计算)。辅助生产高原地区施工增加费不作为辅助生产间接费的计算基数。

3.1.7　企业管理费由基本费用、主副食运费补贴、职工探亲路费、职工取暖补贴和财务费用五项组成。

1　基本费用指建筑安装企业组织施工生产和经营管理所需的费用。

1)基本费用包括:

——管理人员工资:管理人员的基本工资、绩效工资、津贴补贴及特殊情况下支付的工资以及缴纳的养老、医疗、失业、工伤保险费和住房公积金等。

——办公费:企业管理办公用的文具、纸张、账表、印刷、通信、网络、书报、办公软件、会议、水电、烧水和集体取暖降温(包括现场临时宿舍取暖降温)用煤(电、气)等费用。

——差旅交通费:职工因公出差、调动工作的差旅费、住勤补助费,市内交通费和误餐补助费,劳动力招募费,职工退休、退职一次性路费,工伤人员就医路费以及管理部门使用的交通工具的油料、燃料等费用。

——固定资产使用费:管理部门及附属生产单位使用的属于固定资产的房屋、设备等的折旧、大修、维修或租赁费。

——工具用具使用费:企业管理使用的不属于固定资产的工具、器具、家具、交通工具和检验、试验、测绘、消防用具等的购置、维修和摊销费。

——劳动保险费:企业支付的离退休职工的易地安家补助费、职工退职金、6 个月以上的病假人员工资、职工死亡丧葬补助费、抚恤费、按规定支付给离休干部的各项经费。

——职工福利费:按国家规定标准计提的职工福利费。

——劳动保护费:企业按国家有关部门规定标准发放的劳动保护用品的购置费及修理费、防暑降温费、在有碍身体健康环境中施工的保健费用等。

——工会经费:企业根据《中华人民共和国工会法》的规定按全部职工工资总额比例计提的工会经费。

——职工教育经费:按职工工资总额的规定比例计提,企业为职工进行专业技术和职业技能培训,专业技术人员继续教育、职工职业技能鉴定、职业资格认定以及根据需要对职工进行各类文化教育所发生的费用,不含职工安全教育、培训费用。

——保险费:企业财产保险、管理用及生产用车辆等保险费用及人身意外伤害险的费用。

——工程排污费:施工现场按规定缴纳的排污费用。

——税金:企业按规定缴纳的城市维护建设税、教育费附加、地方教育附加、房产税、车船使用税、土地使用税、印花税等。

——其他:上述项目以外的其他必要的费用支出,包括技术转让费、技术开发费、竣(交)工文件编制费、招投标费、业务招待费、绿化费、广告费、公证费、定额测定费、法律顾问费、审计费、咨询费以及施工标准化、规范化、精细化管理等费用。

2)基本费用以各类工程的定额直接费为基数,按表 3.1.7-1 的费率计算。

表 3.1.7-1　基本费用费率表(%)

工程类别	费率	工程类别	费率
土方	2.747	构造物Ⅰ	3.587
石方	2.792	构造物Ⅱ	4.726
运输	1.374	构造物Ⅲ	5.976
路面	2.427	技术复杂大桥	4.143
隧道	3.569	钢材及钢结构	2.242

2　主副食运费补贴指施工企业在远离城镇及乡村的野外施工购买生活必需品所需增加的费用。该费用以各类工程的定额直接费为基数,按表 3.1.7-2 的费率计算。

表 3.1.7-2　主副食运费补贴费率表(%)

工程类别	综合里程(km)										
	3	5	8	10	15	20	25	30	40	50	每增加10
土方	0.122	0.131	0.164	0.191	0.235	0.284	0.322	0.377	0.444	0.519	0.07
石方	0.108	0.117	0.149	0.175	0.218	0.261	0.293	0.346	0.405	0.473	0.063
运输	0.118	0.13	0.166	0.192	0.233	0.285	0.322	0.379	0.447	0.519	0.073

续上表

工程类别	综合里程(km)										
	3	5	8	10	15	20	25	30	40	50	每增加 10
路面	0.066	0.088	0.119	0.13	0.165	0.194	0.224	0.259	0.308	0.356	0.051
隧道	0.096	0.104	0.13	0.152	0.185	0.229	0.26	0.304	0.359	0.418	0.054
构造物Ⅰ	0.114	0.12	0.145	0.167	0.207	0.254	0.285	0.338	0.394	0.463	0.062
构造物Ⅱ	0.126	0.14	0.168	0.196	0.242	0.292	0.338	0.394	0.467	0.54	0.073
构造物Ⅲ	0.225	0.248	0.303	0.352	0.435	0.528	0.599	0.705	0.831	0.969	0.132
技术复杂大桥	0.101	0.115	0.143	0.165	0.205	0.245	0.28	0.325	0.389	0.452	0.063
钢材及钢结构	0.104	0.113	0.146	0.168	0.207	0.247	0.281	0.331	0.387	0.449	0.062

注:综合里程 = 粮食运距 ×0.06 + 燃料运距 ×0.09 + 蔬菜运距 ×0.15 + 水运距 ×0.70,粮食、燃料、蔬菜、水的运距均为全线平均运距;当综合里程数在表列里程之间时,费率可内插;综合里程在 3km 以内的工程,按 3km 计取本项费用。

3 职工探亲路费指按照有关规定发放给施工企业职工在探亲期间发生的往返交通费和途中住宿费等费用。该费用以各类工程的定额直接费为基数,按表 3.1.7-3 的费率计算。

表 3.1.7-3 职工探亲路费费率表(%)

工程类别	费率	工程类别	费率
土方	0.192	构造物Ⅰ	0.274
石方	0.204	构造物Ⅱ	0.348
运输	0.132	构造物Ⅲ	0.551
路面	0.159	技术复杂大桥	0.208
隧道	0.266	钢材及钢结构	0.164

4 职工取暖补贴指按规定发放给施工企业职工的冬季取暖费和为职工在施工现场设置的临时取暖设施的费用。该费用以各类工程的定额直接费为基数,按工程所在地的气温区(见本办法附录 D)选用表 3.1.7-4 的费率计算。

表 3.1.7-4 职工取暖补贴费率表(%)

工程类别	气温区						
	准二区	冬一区	冬二区	冬三区	冬四区	冬五区	冬六区
土方	0.060	0.130	0.221	0.331	0.436	0.554	0.663
石方	0.054	0.118	0.183	0.279	0.373	0.472	0.569
运输	0.065	0.130	0.228	0.336	0.444	0.552	0.671
路面	0.049	0.086	0.155	0.229	0.302	0.376	0.456
隧道	0.045	0.091	0.158	0.249	0.318	0.409	0.488
构造物Ⅰ	0.065	0.130	0.206	0.304	0.390	0.499	0.607
构造物Ⅱ	0.070	0.153	0.234	0.352	0.481	0.598	0.727
构造物Ⅲ	0.126	0.264	0.425	0.643	0.849	1.067	1.297
技术复杂大桥	0.059	0.120	0.203	0.310	0.406	0.501	0.609
钢材及钢结构	0.047	0.082	0.141	0.222	0.293	0.363	0.433

5 财务费用指施工企业为筹集资金提供投标担保、预付款担保、履约担保、职工工资支付担保等所发生的各种费用,包括企业经营期间发生的短期贷款利息净支出、汇兑净损失、调剂外汇手续费、金融机构手续费,以及企业筹集资金发生的其他财务费用。财务费用以各类工程的定额直接费为基数,按表3.1.7-5的费率计算。

表3.1.7-5 财务费用费率表(%)

工程类别	费率	工程类别	费率
土方	0.271	构造物Ⅰ	0.466
石方	0.259	构造物Ⅱ	0.545
运输	0.264	构造物Ⅲ	1.094
路面	0.404	技术复杂大桥	0.637
隧道	0.513	钢材及钢结构	0.653

3.1.8 规费指按法律、法规、规章、规程规定施工企业必须缴纳的费用。

1 规费包含:

1)养老保险费:施工企业按规定标准为职工缴纳的基本养老保险费。

2)失业保险费:施工企业按规定标准为职工缴纳的失业保险费。

3)医疗保险费:施工企业按规定标准为职工缴纳的医疗保险费(含生育保险费)。

4)工伤保险费:施工企业按规定标准为职工缴纳的工伤保险费。

5)住房公积金:施工企业按规定标准为职工缴纳的住房公积金。

2 各项规费以各类工程的人工费之和为基数,按国家或工程所在地法律、法规、规章、规程规定的标准计算。

3.1.9 利润指施工企业完成所承包工程获得的盈利,按定额直接费及措施费、企业管理费之和的7.42%计算。

3.1.10 税金指国家税法规定应计入建筑安装工程造价的增值税销项税额。

税金=(直接费+设备购置费+措施费+企业管理费+规费+利润)×建筑业增值税税率 (3.1.10)

3.1.11 专项费用包括施工场地建设费和安全生产费。

1 施工场地建设费包括:

1)按照工地建设标准化要求进行承包人驻地、工地试验室建设,钢筋集中加工、混合料集中拌制、构件集中预制等所需的办公、生活居住房屋(包括职工家属房屋及探亲房屋),公用房屋(如广播室、文体活动室、医疗室等)和生产用房屋(如仓库、加工厂、加工棚、发电站、变电站、空压机站、停机棚、值班室等)等费用。

2)包括场区平整(山岭重丘区的土石方工程除外)、场地硬化、排水、绿化、标志、污水处理设施、围墙隔离设施等的费用,不包括钢筋加工的机械设备、混合料拌和设备及安拆、预制构件台座、预应力张拉设备、起重及养护设备,以及概算、预算定额中临时工程的费用。

3)包括以上范围内的各种临时工作便道(包括汽车、人力车道)、人行便道,工地临时用水、用电的水管支线和电线支线,临时构筑物(如水井、水塔等)、其他小型临时设施等的搭设或租赁、维修、拆除、清理的费用;但不包括红线范围内贯通便道、进出场的临时道路、保通便道。

4)工地试验室所发生的属于固定资产的试验设备和仪器等折旧、维修或租赁费用。

5)施工扬尘污染防治措施费:裸露的施工场地覆盖防尘网、施工便道和施工场地洒水或喷洒抑尘剂,运输车辆的苫盖和冲洗、环境敏感区设置围挡,防尘标识设置,环境监控与检测等所需要的费用。

6)文明施工、职工健康生活的费用。

施工场地建设费以施工场地计费基数,按表3.1.11的费率,以累进方法计算。施工场地计费基数为定额建筑安装工程费减去专项费用。

表3.1.11 施工场地建设费费率表

施工场地计费基数(万元)	费率(%)	算例(万元)	
		施工场地计费基数	施工场地建设费
500及以下	5.338	500	500×5.338% =26.69
500~1000	4.228	1000	26.69+(1000-500)×4.228% =47.83
1000~5000	2.665	5000	47.83+(5000-1000)×2.665% =154.43
5000~10000	2.222	10000	154.43+(10000-5000)×2.222% =265.53
10000~30000	1.785	30000	265.53+(30000-10000)×1.785% =622.53
30000~50000	1.694	50000	622.53+(50000-30000)×1.694% =961.33
50000~100000	1.579	100000	961.33+(100000-50000)×1.579% =1750.83
100000~150000	1.498	150000	1750.83+(150000-100000)×1.498% =2499.83
150000~200000	1.415	200000	2499.83+(200000-150000)×1.415% =3207.33
200000~300000	1.348	300000	3207.33+(300000-200000)×1.348% =4555.33
300000~400000	1.289	400000	4555.33+(400000-300000)×1.289% =5844.33
400000~600000	1.235	600000	5844.33+(600000-400000)×1.235% =8314.33
600000~800000	1.188	800000	8314.33+(800000-600000)×1.188% =10690.33
800000~1000000	1.149	1000000	10690.33+(1000000-800000)×1.149% =12988.33
1000000以上	1.118	1200000	12988.33+(1200000-1000000)×1.118% =15224.33

2 安全生产费包括完善、改造和维护安全设施设备费用,配备、维护、保养应急救援器材、设备费用,开展重大危险源和事故隐患评估和整改费用,安全生产检查、评价、咨询费用,配备和更新现场作业人员安全防护用品支出,安全生产宣传、教育、培训费用,安全设施及特种设备检测检验费用,施工安全风险评估、应急演练等有关工作及其他与安全生产直接相关的费用。

安全生产费按建筑安装工程费乘以安全生产费费率计算,费率按不少于1.5%计取。

3.2 土地使用及拆迁补偿费

3.2.1 土地使用及拆迁补偿费包含永久占地费、临时占地费、拆迁补偿费、水土保持补偿费、其他费用。

3.2.2 永久占地费包括土地补偿费、征用耕地安置补助费、耕地开垦费、森林植被恢复费、失地农民养老保险费。

1 土地补偿费包括征地补偿费、被征用土地上的青苗补偿费,征用城市郊区的菜地等缴纳的菜地开发建设基金,耕地占用税,用地图编制费及勘界费等。

2 征用耕地安置补助费指征用耕地需要安置农业人口的补助费。

3 耕地开垦费指公路建设项目占用耕地的,应由建设项目法人(业主)负责补充耕地所发生的费用;没有条件开垦或者开垦的耕地不符合要求的,按规定缴纳的耕地开垦费。

4 公路建设项目发生跨省域补充耕地国家统筹的,应执行《国务院办公厅关于印发跨省域补充耕地国家统筹管理办法和城乡建设用地增减挂钩节余指标跨省域调剂管理办法的通知》(国办发〔2018〕16 号)的规定;发生省内跨区域补充耕地的,执行本省相关规定。

5 森林植被恢复费指公路建设项目需要占用、征用林地的,经县级以上林业主管部门审核同意或批准,建设项目法人(业主)单位按照省级人民政府有关规定向县级以上林业主管部门预缴的森林植被恢复费。

6 失地农民养老保险费指根据国家规定为保障依法被征地农民养老而交纳的保险费用。失地农民养老保险费按项目所在地省级人民政府的相关规定进行计算。

3.2.3 临时占地费包括临时征地使用费、复耕费。

1 临时征地使用费指为满足施工所需的承包人驻地、预制场、拌和场、仓库、加工厂(棚)、堆料场、取弃土场、进出场便道、便桥等所有的临时用地及其附着物的补偿费用。

2 复耕费指临时占用的耕地、鱼塘等,在工程交工后将其恢复到原有标准所发生的费用。

3.2.4 拆迁补偿费指被征用或占用土地地上、地下的房屋及附属构筑物,公用设施、文物等的拆除、发掘及迁建补偿费,拆迁管理费等。

3.2.5 水土保持补偿费根据国家相关法律、法规规定缴纳。

3.2.6 其他费用指国务院行政主管部门及省级人民政府规定的与征地拆迁相关的费用。

3.2.7 土地使用及拆迁补偿费计算方法如下:

1 土地使用及拆迁补偿费应根据设计文件确定的建设工程用地和临时用地面积及其附着物的情况,以及实际发生的费用项目,按国家有关规定及工程所在地的省(自治区、直辖市)颁布的有关规定和标准计算。

2　森林植被恢复费应根据审批单位批准的建设工程占用林地的类型及面积,按国家有关规定及工程所在地的省(自治区、直辖市)颁布的有关规定和标准计算。

3　当与原有的电力电信设施、管线、水利工程、铁路及铁路设施互相干扰时,应与有关部门联系,商定合理的解决方案和补偿金额,也可由这些部门按规定编制费用以确定补偿金额。

4　水土保持补偿费按各省(自治区、直辖市)制定的水土保持补偿费收费标准进行计算。

3.3　工程建设其他费

3.3.1　工程建设其他费包括建设项目管理费、研究试验费、建设项目前期工作费、专项评价(估)费、联合试运转费、生产准备费、工程保通管理费、工程保险费、其他相关费用。

3.3.2　建设项目管理费包括建设单位(业主)管理费、建设项目信息化费、工程监理费、设计文件审查费、竣(交)工验收试验检测费。其中建设单位(业主)管理费、建设项目信息化费和工程监理费均为实施建设项目管理的费用,可根据建设单位(业主)、施工、监理单位所实际承担的工作内容和工作量统筹使用。

1　建设单位(业主)管理费指建设单位(业主)为进行建设项目的立项、筹建、建设、竣(交)工验收、总结等工作所发生的费用。

1)建设单位(业主)管理费包括工作人员的工资、工资性津贴、施工现场津贴,社会保险费用(基本养老、基本医疗、失业、工伤保险)、住房公积金、职工福利费、工会经费、劳动保护费,办公费、会议费、差旅交通费、固定资产使用费(包括办公及生活房屋折旧、维修或租赁费,车辆折旧、维修、使用或租赁费,通信设备购置、使用费,测量、试验设备仪器折旧、维修或租赁费,其他设备折旧、维修或租赁费等)、零星固定资产购置费、招募生产工人费,技术图书资料费、职工教育培训经费,招标管理费,合同契约公证费、法律顾问费、咨询费,建设单位的临时设施费、完工清理费、竣(交)工验收费[含其他行业或部门要求的竣工验收费用、建设单位负责的竣(交)工文件编制费]、各种税费(包括房产税、车船使用税、印花税等),对建设项目前期工作、项目实施及竣工决算等全过程进行审计所发生的审计费用,境内外融资费用(不含建设期贷款利息)、业务招待费及工程质量、安全生产管理费和其他管理性开支。

2)建设单位(业主)管理费以定额建筑安装工程费为基数,按表3.3.2-1的费率,以累进方法计算。

表3.3.2-1　建设单位(业主)管理费费率表

定额建筑安装工程费(万元)	费率(%)	算例(万元)	
		定额建筑安装工程费	建设单位(业主)管理费
500及以下	4.858	500	500×4.858% = 24.29
500～1000	3.813	1000	24.29 + (1000 - 500) ×3.813% = 43.355
1000～5000	3.049	5000	43.355 + (5000 - 1000) ×3.049% = 165.315
5000～10000	2.562	10000	165.315 + (10000 - 5000) ×2.562% = 293.415
10000～30000	2.125	30000	293.415 + (30000 - 10000) ×2.125% = 718.415

续上表

定额建筑安装工程费（万元）	费率（%）	算例（万元）	
		定额建筑安装工程费	建设单位（业主）管理费
30000 ~ 50000	1.773	50000	718.415 + (50000 - 30000) × 1.773% = 1073.015
50000 ~ 100000	1.312	100000	1073.015 + (100000 - 50000) × 1.312% = 1729.015
100000 ~ 150000	1.057	150000	1729.015 + (150000 - 100000) × 1.057% = 2257.515
150000 ~ 200000	0.826	200000	2257.515 + (200000 - 150000) × 0.826% = 2670.515
200000 ~ 300000	0.595	300000	2670.515 + (300000 - 200000) × 0.595% = 3265.515
300000 ~ 400000	0.498	400000	3265.515 + (400000 - 300000) × 0.498% = 3763.515
400000 ~ 600000	0.450	600000	3763.515 + (600000 - 400000) × 0.45% = 4663.515
600000 ~ 800000	0.400	800000	4663.515 + (800000 - 600000) × 0.4% = 5463.515
800000 ~ 1000000	0.375	1000000	5463.515 + (1000000 - 800000) × 0.375% = 6213.515
1000000 以上	0.350	1200000	6213.515 + (1200000 - 1000000) × 0.35% = 6913.515

3）双洞长度超过5000m的独立隧道，水深大于15m、跨径大于或等于400m的斜拉桥和跨径大于或等于800m的悬索桥等独立特大型桥梁工程的建设单位（业主）管理费，按表3.3.2-1中的费率乘以系数1.3计算；海上工程［指由于风浪影响，工程施工期（不包括封冻期）全年月平均工作日少于15d的工程］的建设单位（业主）管理费，按表3.3.2-1中的费率乘以系数1.2计算。

2　建设项目信息化费指建设单位（业主）和各参建单位用于建设项目的质量、安全、进度、费用等方面的信息化建设、运维及各种税费等费用，包括建设项目全寿命周期的建筑信息模型（Building Information Modeling）等相关费用。建设项目信息化费以定额建筑安装工程费为基数，按表3.3.2-2的费率，以累进方法计算。

表3.3.2-2　建设项目信息化费费率表

定额建筑安装工程费（万元）	费率（%）	算例（万元）	
		定额建筑安装工程费	建设项目信息化费
500 及以下	0.600	500	500 × 0.6% = 3
500 ~ 1000	0.452	1000	3 + (1000 - 500) × 0.452% = 5.26
1000 ~ 5000	0.356	5000	5.26 + (5000 - 1000) × 0.356% = 19.5
5000 ~ 10000	0.285	10000	19.5 + (10000 - 5000) × 0.285% = 33.75
10000 ~ 30000	0.252	30000	33.75 + (30000 - 10000) × 0.252% = 84.15
30000 ~ 50000	0.224	50000	84.15 + (50000 - 30000) × 0.224% = 128.95
50000 ~ 100000	0.202	100000	128.95 + (100000 - 50000) × 0.202% = 229.95
100000 ~ 150000	0.171	150000	229.95 + (150000 - 100000) × 0.171% = 315.45
150000 ~ 200000	0.160	200000	315.45 + (200000 - 150000) × 0.16% = 395.45
200000 ~ 300000	0.142	300000	395.45 + (300000 - 200000) × 0.142% = 537.45
300000 ~ 400000	0.135	400000	537.45 + (400000 - 300000) × 0.135% = 672.45

续上表

定额建筑安装工程费(万元)	费率(%)	算例(万元)	
		定额建筑安装工程费	建设项目信息化费
400000～600000	0.131	600000	672.45＋(600000－400000)×0.131%＝934.45
600000～800000	0.127	800000	934.45＋(800000－600000)×0.127%＝1188.45
800000～1000000	0.125	1000000	1188.45＋(1000000－800000)×0.125%＝1438.45
1000000 以上	0.122	1200000	1438.45＋(1200000－1000000)×0.122%＝1682.45

3 工程监理费指建设单位(业主)委托具有监理资格的单位,按施工监理规范进行全面的监督和管理所发生的费用。

1)工程监理费内容包括工作人员的工资、工资性津贴、施工现场津贴、社会保险费用(基本养老、基本医疗、失业、工伤保险)、住房公积金、职工福利费、工会经费、劳动保护费,办公费、会议费、差旅交通费,办公、试验固定资产使用费(包括办公及生活房屋折旧、维修或租赁费,车辆折旧、维修、使用或租赁费,通信设备购置、使用费,测量、试验、检测设备仪器折旧、维修或租赁费,其他设备折旧、维修或租赁费等)、零星固定资产购置费、招募生产工人费,技术图书资料费、职工教育经费、投标费用,合同契约公证费、法律顾问费、咨询费、业务招待费,财务费用、监理单位的临时设施费、完工清理费、竣(交)工验收费、各种税费、安全生产管理费和其他管理性开支。

2)工程监理费以定额建筑安装工程费为基数,按表 3.3.2-3 的费率,以累进方法计算。

表 3.3.2-3 工程监理费费率表

定额建筑安装工程费(万元)	费率(%)	算例(万元)	
		定额建筑安装工程费	工程监理费
500 及以下	3.00	500	500×3%＝15
500～1000	2.40	1000	15＋(1000－500)×2.4%＝27
1000～5000	2.10	5000	27＋(5000－1000)×2.1%＝111
5000～10000	1.94	10000	111＋(10000－5000)×1.94%＝208
10000～30000	1.87	30000	208＋(30000－10000)×1.87%＝582
30000～50000	1.83	50000	582＋(50000－30000)×1.83%＝948
50000～100000	1.78	100000	948＋(100000－50000)×1.78%＝1838
100000～150000	1.72	150000	1838＋(150000－100000)×1.72%＝2698
150000～200000	1.64	200000	2698＋(200000－150000)×1.64%＝3518
200000～300000	1.55	300000	3518＋(300000－200000)×1.55%＝5068
300000～400000	1.49	400000	5068＋(400000－300000)×1.49%＝6558
400000～600000	1.45	600000	6558＋(600000－400000)×1.45%＝9458
600000～800000	1.42	800000	9458＋(800000－600000)×1.42%＝12298
800000～1000000	1.37	1000000	12298＋(1000000－800000)×1.37%＝15038
1000000 以上	1.33	1200000	15038＋(1200000－1000000)×1.33%＝17698

4　设计文件审查费指在项目审批前,建设单位(业主)为保证勘察设计工作的质量,组织有关专家或委托有资质的单位,对提交的建设项目可行性研究报告和勘察设计文件进行审查所需要的相关费用。设计文件审查费以定额建筑安装工程费为基数,按表3.3.2-4的费率,以累进方法计算。

表3.3.2-4　设计文件审查费费率表

定额建筑安装工程费(万元)	费率(%)	算例(万元)	
		定额建筑安装工程费	设计文件审查费
5000以下	0.077	5000	5000×0.077% =3.85
5000~10000	0.072	10000	3.85+(10000-5000)×0.072% =7.45
10000~30000	0.069	30000	7.45+(30000-10000)×0.069% =21.25
30000~50000	0.066	50000	21.25+(50000-30000)×0.066% =34.45
50000~100000	0.065	100000	34.45+(100000-50000)×0.065% =66.95
100000~150000	0.061	150000	66.95+(150000-10000)×0.061% =97.45
150000~200000	0.059	200000	97.45+(200000-150000)×0.059% =126.95
200000~300000	0.057	300000	126.95+(300000-200000)×0.057% =183.95
300000~400000	0.055	400000	183.95+(400000-300000)×0.055% =238.95
400000~600000	0.053	600000	238.95+(600000-400000)×0.053% =344.95
600000~800000	0.052	800000	344.95+(800000-600000)×0.052% =448.95
800000~1000000	0.051	1000000	448.95+(800000-600000)×0.051% =550.95
1000000以上	0.050	1200000	550.95+(800000-600000)×0.050% =650.95

1)建设项目若有地质勘察监理,费用在此项目开支。

2)建设项目若有设计咨询(或称设计监理、设计双院制),其费用在此项目内开支。

5　竣(交)工验收试验检测费指在公路建设项目竣(交)工验收前,由建设单位(业主)或工程质量监督机构委托有资质的公路工程质量检测单位按照有关规定对建设项目的工程质量进行检测并出具检测试验意见,以及进行桥梁动(静)载试验或其他特殊检测等所需的费用。

1)竣(交)工验收试验检测费按表3.3.2-5规定的费率计算。道路工程按主线路基长度计算,桥梁工程以主线桥梁、分离式立交、匝道桥的长度之和进行计算,隧道按单洞长度计算。

2)道路工程,高速公路、一级公路按四车道计算,二级及二级以下公路按两车道计算,每增加1个车道,按表3.3.2-5的费用增加10%。桥梁和隧道按双向四车道计算,每增加1个车道费用增加15%。二级及二级以下公路的桥隧工程,按表3.3.2-5费用的40%计算。

表3.3.2-5 竣(交)工验收试验检测费

<table>
<tr><th colspan="3">检 测 项 目</th><th>竣(交)工验收试验检测费</th><th>备 注</th></tr>
<tr><td colspan="2" rowspan="4">道路工程(元/km)</td><td>高速公路</td><td>23500</td><td rowspan="4">包括路基、路面、涵洞、通道、路段安全设施和机电、房建、绿化、环境保护及其他工程</td></tr>
<tr><td>一级公路</td><td>17000</td></tr>
<tr><td>二级公路</td><td>11500</td></tr>
<tr><td>三级及三级以下公路</td><td>5750</td></tr>
<tr><td rowspan="5">桥梁工程</td><td>一般桥梁(元/延米)</td><td>—</td><td>40</td><td rowspan="5">包括桥梁范围内的所有土建、安全设施和机电、声屏障等环境保护工程及必要的动(静)载试验</td></tr>
<tr><td rowspan="4">技术复杂桥梁(元/延米)</td><td>钢管拱</td><td>750</td></tr>
<tr><td>连续刚构</td><td>500</td></tr>
<tr><td>斜拉桥</td><td>600</td></tr>
<tr><td>悬索桥</td><td>560</td></tr>
<tr><td colspan="2">隧道工程(元/延米)</td><td>单洞</td><td>80</td><td>包括隧道范围内的所有土建、安全设施、机电、消防设施等</td></tr>
</table>

3.3.3 研究试验费指按项目特点和有关规定,在建设过程中必须进行的研究和试验所需的费用,以及支付科技成果、专利、先进技术的一次性技术转让费。

1 研究试验费不包括:

1)应由前期工作费(为建设项目提供或验证设计数据、资料等专题研究)开支的项目。

2)应由科技三项费用(即新产品试制费、中间试验费和重要科学研究补助费)开支的项目。

3)应由施工辅助费开支的施工企业对建筑材料、构件和建筑物进行一般鉴定、检查所发生的费用及技术革新研究试验费。

2 计算方法:按设计提出的研究试验内容和要求进行编制。

3.3.4 建设项目前期工作费指委托勘察设计单位、咨询单位对建设项目进行可行性研究、工程勘察设计,以及设计、监理、施工招标文件及招标标底或造价控制值文件编制时,按规定应支付的费用。

1 建设项目前期工作费包括:

1)编制项目建议书(或预可行性研究报告)、可行性研究报告、投资估算,以及相应的勘察、设计等所需的费用。

2)通过风洞试验、地震动参数、索塔足尺模型试验、桥墩局部冲刷试验、桩基承载力试验等为建设项目提供或验证设计数据所需的专题研究费用。

3)初步设计和施工图设计的勘察费、设计费、概(预)算编制及调整概算编制费用等。

4)设计、监理、施工招标及招标标底(或造价控制值或清单预算)文件编制费等。

2 计算方法:建设项目前期工作费以定额建筑安装工程费为基数,按表3.3.4的费率,以累进方法计算。

表 3.3.4 建设项目前期工作费费率表

定额建筑安装工程费(万元)	费率(%)	算例(万元)	
		定额建筑安装工程费	建设项目前期工作费
500 及以下	3.00	500	500 ×3.00% =15
500 ~ 1000	2.70	1000	15 + (1000 - 500) ×2.70% =28.5
1000 ~ 5000	2.55	5000	28.5 + (5000 - 1000) ×2.55% =130.5
5000 ~ 10000	2.46	10000	130.5 + (10000 - 5000) ×2.46% =253.5
10000 ~ 30000	2.39	30000	253.5 + (30000 - 10000) ×2.39% =731.5
30000 ~ 50000	2.34	50000	731.5 + (50000 - 30000) ×2.34% =1199.5
50000 ~ 100000	2.27	100000	1199.5 + (100000 - 50000) ×2.27% =2334.5
100000 ~ 150000	2.19	150000	2334.5 + (150000 - 100000) ×2.19% =3429.5
150000 ~ 200000	2.08	200000	3429.5 + (200000 - 150000) ×2.08% =4469.5
200000 ~ 300000	1.99	300000	4469.5 + (300000 - 200000) ×1.99% =6459.5
300000 ~ 400000	1.94	400000	6459.5 + (400000 - 300000) ×1.94% =8399.5
400000 ~ 600000	1.86	600000	8399.5 + (600000 - 400000) ×1.86% =12119.5
600000 ~ 800000	1.80	800000	12119.5 + (800000 - 600000) ×1.80% =15719.5
800000 ~ 1000000	1.76	1000000	15719.5 + (1000000 - 800000) ×1.76% =19239.5
1000000 以上	1.72	1200000	19239.5 + (1200000 - 1000000) ×1.72% =22679.5

3.3.5 专项评价(估)费指依据国家法律、法规规定进行评价(评估)、咨询,按规定应支付的费用。

1 专项评价(估)费包括环境影响评价费、水土保持评估费、地震安全性评价费、地质灾害危险性评价费、压覆重要矿床评估费、文物勘察费、通航论证费、行洪论证(评估)费、使用林地可行性研究报告编制费、用地预审报告编制费、项目风险评估费、节能评估费和社会风险评估费、放射性影响评估费、规划选址意见书编制费等费用。

2 计算方法:依据委托合同,或参照类似工程已发生的费用进行计列。

3.3.6 联合试运转费指建设项目的机电工程,按照有关规定标准,需要进行整套设备带负荷联合试运转所需的全部费用,不包括应由设备安装工程费中开支的调试费用。

1 费用包括联合试运转期间所需的材料、燃料和动力的消耗,机械和检测设备使用费,工具用具和低值易耗品费,参加联合试运转的人员工资及其他费用等。

2 计算方法:联合试运转费以定额建筑安装工程费为基数,按 0.04% 费率计算。

3.3.7 生产准备费指为保证新建、改(扩)建项目交付使用后满足正常的运行、管理发生的工器具购置、办公和生活用家具购置、生产人员培训、应急保通设备购置等费用。

1 工器具购置费指建设项目交付使用后为满足初期正常运营必须购置的第一套不构成固定资产的设备、仪器、仪表、工卡模具、器具、工作台(框、架、柜)等的费用,不包括构成固定资产的设备、工器具和备品、备件,及已列入设备费中的专用工具和备品、备件。工器具购置费由设计单位列出计划购置清单(包括规格、型号、数量),计算方法同设备购置费。

2 办公和生活用家具购置费指新建、改(扩)建工程项目,为保证初期正常生产、使用和管理所购置的办公和生活用家具、用具的费用,包括行政、生产部门的办公室、会议室、资料档案室、阅览室、宿舍及生活福利设施等的家具、用具。办公和生活用家具购置费按表3.3.7的规定计算。

表3.3.7 办公和生活用家具购置费标准表

<table>
<tr><th rowspan="3">工程所在地</th><th colspan="4">路线(元/公路公里)</th><th colspan="3">单独管理或单独收费的桥梁、隧道(元/座)</th></tr>
<tr><th rowspan="2">高速公路</th><th rowspan="2">一级公路</th><th rowspan="2">二级公路</th><th rowspan="2">三、四级公路</th><th colspan="2">特大、大桥</th><th rowspan="2">特长隧道</th></tr>
<tr><th>一般桥梁</th><th>技术复杂大桥</th></tr>
<tr><td>内蒙古、黑龙江、青海、新疆、西藏</td><td>21500</td><td>15600</td><td>7800</td><td>4000</td><td>24000</td><td>60000</td><td>78000</td></tr>
<tr><td>其他省、自治区、直辖市</td><td>17500</td><td>14600</td><td>5800</td><td>2900</td><td>19800</td><td>49000</td><td>63700</td></tr>
</table>

注:改(扩)建工程按表列费用的70%计。

3 生产人员培训费指为保证生产的正常运行,在工程交工验收交付使用前对运营部门生产人员和管理人员进行培训所需的费用,包括培训人员的工资、工资性津贴、职工福利费、差旅交通费、劳动保护费、培训及教学实习费等。该费用按设计定员和3000元/人的标准计算。

4 应急保通设备购置费指新建、改(扩)建工程项目,为满足初期正常营运,购置保障抢修保通、应急处置,且构成固定资产的设备所需的费用。该费用由设计单位列出计划购置清单,计算方法同设备购置费。

3.3.8 工程保通管理费指新建或改(扩)建工程需边施工边维持通车或通航的建设项目,为保证公(铁)路运营安全、船舶航行安全及施工安全而进行交通(公路、航道、铁路)管制、交通(铁路)与船舶疏导所需的和媒体、公告等宣传费用及协管人员经费等。工程保通管理费应按设计需要进行列支。涉水项目施工期通航安全保障费用计算方法按本办法附录G执行。

3.3.9 工程保险费指在合同执行期内,施工企业按合同条款要求办理保险的费用,包括建筑工程一切险和第三方责任险。

1 建筑工程一切险是为永久工程、临时工程和设备及已运至施工工地用于永久工程的材料和设备所投的保险。

2 第三方责任险是对因实施合同工程而造成的财产(本工程除外)损失或损害,或人员(业主和承包人雇员除外)的死亡或伤残所负责进行的保险。

3 工程保险费以建筑安装工程费(不含设备费)为基数,按0.4%费率计算。

3.3.10 其他相关费用指国务院行政主管部门及省级人民政府规定的其他与公路建设相关的费用,按其相关规定计算。

3.4 预备费

3.4.1 预备费由基本预备费和价差预备费两部分组成。

3.4.2 基本预备费是指在初步设计和概算、施工图设计和施工图预算中难以预料的工程费用。

1 基本预备费包括:

1)在进行技术设计、施工图设计和施工过程中,在批准的初步设计和概算范围内所增加的工程费用。

2)在设备订货时,由于规格、型号改变的价差,材料货源变更、运输距离或方式的改变以及因规格不同而代换使用等原因发生的价差。

3)在项目主管部门组织竣(交)工验收时,验收委员会(或小组)为鉴定工程质量必须开挖和修复隐蔽工程的费用。

2 基本预备费以建筑安装工程费、土地使用及拆迁补偿费、工程建设其他费之和为基数,按下列费率计算:

1)设计概算按5%计列。

2)修正概算按4%计列。

3)施工图预算按3%计列。

3.4.3 价差预备费指设计文件编制年至工程交工年期间,建筑安装工程费中的人工费、材料费、设备费、施工机械使用费、措施费、企业管理费等由于政策、价格变化可能发生上浮而预留的费用,及外资贷款汇率变动部分的费用。

1 计算方法:价差预备费以建筑安装工程费总额为基数,按设计文件编制年始至建设项目工程交工年终的年数和年工程造价增涨率计算。计算公式见式(3.4.3)。

$$\text{价差预备费} = P \times [(1+i)^{n-1} - 1] \tag{3.4.3}$$

式中:P——建筑安装工程费总额(元);

i——年工程造价增涨率(%);

n——设计文件编制年至建设项目开工年+建设项目建设期限(年)。

2 年工程造价增涨率按有关部门公布的工程投资价格指数计算。

3 设计文件编制至工程交工在1年以内的工程,不列此项费用。

3.5 建设期贷款利息

3.5.1 建设期贷款利息指工程项目使用的贷款部分在建设期内应计取的贷款利息,包括各种金融机构贷款、建设债券和外汇贷款等的利息。

3.5.2 利息计算方法:根据不同的资金来源分年度投资计算所需支付的利息。计算公式见式(3.5.2)。

$$建设期贷款利息 = \sum(上年末付息贷款本息累计 + 本年度付息贷款额 \div 2) \times 年利率 \quad (3.5.2)$$

即:

$$S = \sum_{n=1}^{N}(F_{n-1} + b_n \div 2) \times i$$

式中:S——建设期贷款利息;

N——项目建设期(年);

n——施工年度;

F_{n-1}——建设期第 $n-1$ 年末需付息贷款本息累计;

b_n——建设期第 n 年度付息贷款额;

i——中国人民银行公布的贷款基准年利率。

3.6 公路工程建设项目各项费用计算程序及计算方式

3.6.1 公路工程建设项目各项费用计算程序及计算方式见表 3.6.1。

表 3.6.1 公路工程建设项目各项费用计算程序及计算方式

序号	项 目	说明及计算式
(一)	定额直接费	Σ人工消耗量×人工基价+Σ(材料消耗量×材料基价+机械台班消耗量×机械台班基价)
(二)	定额设备购置费	Σ设备购置数量×设备基价
(三)	直接费	Σ人工消耗量×人工单价+Σ(材料消耗量×材料预算单价+机械台班消耗量×机械台班预算单价)
(四)	设备购置费	Σ设备购置数量×预算单价
(五)	措施费	(一)×施工辅助费费率+定额人工费和定额施工机械使用费之和×其余措施费综合费率
(六)	企业管理费	(一)×企业管理费综合费率
(七)	规费	各类工程人工费(含施工机械人工费)×规费综合费率
(八)	利润	[(一)+(五)+(六)]×利润率
(九)	税金	[(三)+(四)+(五)+(六)+(七)+(八)]×建筑业增值税税率
(十)	专项费用	
	施工场地建设费	[(一)+(五)+(六)+(七)+(八)+(九)]×累进费率
	安全生产费	建筑安装工程费(不含安全生产费本身)×(≥1.5%)
(十一)	定额建筑安装工程费	(一)+(二)×40%+(五)+(六)+(七)+(八)+(九)+(十)
(十二)	建筑安装工程费	(三)+(四)+(五)+(六)+(七)+(八)+(九)+(十)
(十三)	土地使用及拆迁补偿费	按规定计算

续上表

序号	项　　目	说明及计算式
(十四)	工程建设其他费	
	建设项目管理费	
	建设单位(业主)管理费	(十一)×累进费率
	建设项目信息化费	(十一)×累进费率
	工程监理费	(十一)×累进费率
	设计文件审查费	(十一)×累进费率
	竣(交)工验收试验检测费	按规定计算
	研究试验费	
	建设项目前期工作费	(十一)×累进费率
	专项评价(估)费	按规定计算
	联合试运转费	(十一)×费率
	生产准备费	
	工器具购置费	按规定计算
	办公和生活用家具购置费	按规定计算
	生产人员培训费	按规定计算
	应急保通设备购置费	
	工程保通管理费	按规定计算
	工程保险费	[(十二)-(四)]×费率
	其他相关费用	
(十五)	预备费	
	基本预备费	[(十二)+(十三)+(十四)]×费率
	价差预备费	(十二)×费率
(十六)	建设期贷款利息	
(十七)	公路基本造价	(十二)+(十三)+(十四)+(十五)+(十六)

附录 A　封面、目录及概(预)算表格样式

A.0.1　扉页的次页格式如下：

×××公路初步设计概算

(K××+×××~K××+×××)

第　　册 共　　册

编制：(签字并盖章)

复核：(签字并盖章)

编制单位：(盖章)

编制时间：　　年　月　日

A.0.2 甲组文件目录格式及相应内容如下所示:

目　　录

(甲组文件)

1 编制说明。
2 项目前后阶段费用对比表见表 A.0.2-1。
3 建设项目属性及技术经济信息表(00 表)见表 A.0.2-2。
4 总概(预)算汇总表(01-1 表)见表 A.0.2-3。
5 总概(预)算人工、主要材料、施工机械台班数量汇总表(02-1 表)见表 A.0.2-4。
6 总概(预)算表(01 表)见表 A.0.2-5。
7 人工、主要材料、施工机械台班数量汇总表(02 表)见表 A.0.2-6。
8 建筑安装工程费计算表(03 表)见表 A.0.2-7。
9 综合费率计算表(04 表)见表 A.0.2-8。
10 综合费计算表(04-1 表)见表 A.0.2-9。
11 设备费计算表(05 表)见表 A.0.2-10。
12 专项费用计算表(06 表)见表 A.0.2-11。
13 土地使用及拆迁补偿费计算表(07 表)见表 A.0.2-12。
14 工程建设其他费计算表(08 表)见表 A.0.2-13。
15 人工、材料、施工机械台班单价汇总表(09 表)见表 A.0.2-14。

表 A.0.2-1　项目前后阶段费用对比表

建设项目名称：　　　　　　　　　　　　　　　　　　　　第　页　共　页

分项编号	工程或费用名称	单位	本阶段设计概算(施工图预算)			上阶段工可估算(设计概算)			费 用 变 化		备注
			数量	单价	金额	数量	单价	金额	金额	比例(%)	
1	2	3	4	5 = 6 ÷ 4	6	7	8 = 9 ÷ 7	9	10 = 6 − 9	11 = 10 ÷ 9	12

填表说明：

1. 本表反映一个建设项目的前后阶段各项费用组成。
2. 本阶段和上阶段费用均从各阶段的 01-1 表转入。

编制：　　　　　　　　　　　　　　　　　　　　复核：

表 A.0.2-2 建设项目属性及技术经济信息表

建设项目： 编制日期： 00 表

一	**项目基本属性**				
编号	名称	单位	信息		备注
001	工程所在地				
002	地形类别				平原或微丘
003	新建/改(扩)建				
004	公路技术等级				
005	设计速度	km/h			
006	路面结构				
007	路基宽度	m			
008	路线长度	公路公里			不含连接线
009	桥梁长度	km			
010	隧道长度	km			双洞长度
011	桥隧比例	%			[(009)+(010)]/(008)
012	互通式立体交叉数量	km/处			
013	支线、联络线长度	km			
014	辅道、连接线长度	km			
二	**项目工程数量信息**				
编号	内容	单位	数量	数量指标	备注
10202	路基挖方	$1000m^3$			
10203	路基填方	$1000m^3$			
10205	特殊路基	km			
10206	排水圬工	$1000m^3$			包括防护、排水
10207	防护圬工	$1000m^3$			
10301	沥青混凝土路面	$1000m^2$			
10302	水泥混凝土路面	$1000m^2$			
10401	涵洞	m			
10402	小桥	m			
10403	中桥	m			
10404	大桥	m			
10405	特大桥	m			
10501	连拱隧道	m			
10502	小净距隧道	m			
10503	分离式隧道	m			
10602	通道	m			

续上表

二	**项目工程数量信息**				
编号	内容	单位	数量	数量指标	备注
10605	分离式立体交叉	处			
10606	互通式立体交叉	处			
10703	管理养护服务房屋	m^2			
10901	联络线、支线工程	km			
10902	连接线工程	km			
10903	辅道工程	km			
20101	永久征地	亩			不含取(弃)土场征地
20102	临时征地	亩			
三	**项目造价指标信息表**				
编号	工程造价	总金额(万元)	造价指标(万元/km)	占总造价百分比(%)	备注
1	建筑安装工程费		(必填)		
101	临时工程				
102	路基工程				
103	路面工程				
104	桥梁工程				
105	隧道工程				
106	交叉工程				
107	交通工程				
108	绿化及环境保护工程				
109	其他工程				
110	专项费用		(必填)		
2	土地使用及拆迁补偿费		(必填)		
3	工程建设其他费		(必填)		
4	预备费		(必填)		
5	建设期贷款利息		(必填)		
6	公路基本造价		(必填)		
四	**分项造价指标信息表**				
编号	名称	单位	造价指标(元)	备注	
10202	路基挖方	m^3			
10203	路基填方	m^3			
10205	特殊路基	km			
10206	排水圬工	m^3			
10207	防护圬工	m^3			

续上表

四	分项造价指标信息表			
编号	名称	单位	造价指标(元)	备注
10301	沥青混凝土路面	m^2		
10302	水泥混凝土路面	m^2		
10401	涵洞	m		
10402	预制空心板桥	m^2		
10403	预制小箱梁桥	m^2		
10404	预制T梁桥	m^2		
10405	现浇箱梁桥	m^2		
10406	特大桥	m^2		
10501	连拱隧道	m		
10502	小净距隧道	m		
10503	分离式隧道	m		
10602	通道	m		
10605	分离式立体交叉	处		
10606	互通式立体交叉	处		
10701	交通安全设施	km		
10702	机电及设备安装工程	km		
10707	管理养护服务房屋	m^2		含土建和安装,不含外场
10901	联络线、支线工程	km		
10902	连接线工程	km		
10903	辅道工程	km		
20101	永久征地	亩		
20102	临时征地	亩		
20201	拆迁补偿	km		
30101	建设单位管理费	km		
30103	工程监理费	km		
30301	建设项目前期工作费	km		
五	主要材料单价信息表			
编号	名称	单位	单价(元)	备注
1001001	人工	工日		
2001002	HRB400 钢筋	t		
3001001	石油沥青	t		
5503005	中(粗)砂	m^3		
5505016	碎石(4cm)	m^3		
5509002	42.5 级水泥	t		

编制: 复核:

表 A.0.2-3 总概(预)算汇总表

建设项目名称：　　　　　　　　　　　　　　　　　　　　　　　　　第　页　共　页　01-1 表

分项编号	工程或费用名称	单位	总数量										总金额(元)	全路段技术经济指标	各项费用比例(%)
				数量	金额(元)	技术经济指标	数量	金额(元)	技术经济指标	数量	金额(元)	技术经济指标			

填表说明：

1. 一个建设项目分若干单项工程编制概(预)算时，应通过本表汇总全部建设项目概(预)算金额。
2. 本表反映一个建设项目的各项费用组成、概(预)算总值和技术经济指标。
3. 本表分项编号、工程或费用名称、单位、总数量、概(预)算金额应由各单项或单位工程总概(预)算表(01表)转来，部分、项、子项应保留，其他可视需要增减。
4. "全路段技术经济指标"以各项金额汇总合计除以相应总数量计算；"各项费用比例"以汇总的各项目公路工程造价除以公路基本造价合计计算。

编制：　　　　　　　　　　　　　　　　　　　　　　　　　　　　　复核：

表 A.0.2-4　总概(预)算人工、主要材料、施工机械台班数量汇总表

建设项目名称：　　　　　　　　　　　　　　　　　　　　　　　　第　页　共　页　02-1 表

代号	规格名称	单位	总数量	编制范围									

填表说明：

1. 一个建设项目分若干个单项工程编制概(预)算时，应通过本表汇总全部建设项目的人工、主要材料与设备、施工机械台班数量。

2. 本表各栏数据均由各单项或单位工程概(预)算中的人工、主要材料、施工机械台班数量汇总表(02 表)转来，编制范围指单项或单位工程。

编制：　　　　　　　　　　　　　　　　　　　　　　　　　　　　复核：

表 A.0.2-5 总 概（预）算 表

建设项目名称：

编制范围：

第　页　共　页　01 表

分项编号	工程或费用名称	单位	数量	金额(元)	技术经济指标	各项费用比例(%)	备注

填表说明：

1. 本表反映一个单项或单位工程的各项费用组成、概(预)算金额、技术经济指标、各项费用比例(%)等。
2. 本表“分项编号”“工程或费用名称”“单位”等应按概预算项目表的编号及内容填写。
3. “数量”“金额”由专项费用计算表(06 表)、建筑安装工程费计算表(03 表)、土地使用及拆迁补偿费计算表(07 表)、工程建设其他费计算表(08 表)转来。
4. “技术经济指标”以各项目金额除以相应数量计算；“各项费用比例”以各项金额除以公路基本造价计算。

编制：　　　　复核：

表 A.0.2-6　人工、主要材料、施工机械台班数量汇总表

建设项目名称：

编制范围：

第　页　共　页　02 表

代号	规格名称	单位	单价（元）	总数量	分项统计								场外运输损耗	
													%	数量

填表说明：

本表各栏数据由人工、材料、施工机械台班单价汇总表（09 表）及分项工程概（预）算表（21-2 表），辅助生产人工、材料、施工机械台班单位数量表（25 表）经分析计算后统计而来。

编制：　　　　　　　　　　复核：

表 A.0.2-7 建筑安装工程费计算表

建设项目名称：

编制范围：　　　　　　　　　　　　第　页　共　页　03 表

序号	分项编号	工程名称	单位	工程量	定额直接程费（元）	定额设备购置费（元）	直接费(元)				设备购置费	措施费	企业管理费	规费	利润（元）	税金（元）	金额合计（元）	
							人工费	材料费	施工机械使用费	合计					费率（%）	税率（%）	合计	单价
1	2	3	4	5	6	7	8	9	10	11	12	13	14	15	16	17	18	19
	110	专项费用																
	11001	施工场地建设费	元															
	11002	安全生产费	元															
合计																		

填表说明：

1. 本表各栏数据由 05 表、06 表、21-2 表经计算转来。
2. 本表中除列出具体分项外，还应列出子项（如临时工程、路基工程、路面工程……），并将子项下的具体分项的费用进行汇总。

编制：　　　　　　　　　　　　复核：

表 A.0.2-8 综 合 费 率 计 算 表

建设项目名称：

编制范围： 第 页 共 页 04表

序号	工程类别	措施费(%)											企业管理费(%)						规费(%)					
		冬季施工增加费	雨季施工增加费	夜间施工增加费	高原地区施工增加费	风沙地区施工增加费	沿海地区施工增加费	行车干扰施工增加费	施工辅助费	工地转移费	综合费率		基本费用	主副食运费补贴	职工探亲路费	职工取暖补贴	财务费用	综合费率	养老保险费	失业保险费	医疗保险费	工伤保险费	住房公积金	综合费率
											Ⅰ	Ⅱ												
1	2	3	4	5	6	7	8	9	10	11	12	13	14	15	16	17	18	19	20	21	22	23	24	25

填表说明：

本表应根据建设项目具体情况，按概(预)算编制办法有关规定填入数据计算。

其中：12 = 3 + 4 + 5 + 6 + 7 + 8 + 9 + 11；13 = 10；19 = 14 + 15 + 16 + 17 + 18；25 = 20 + 21 + 22 + 23 + 24。

编制： 复核：

表A.0.2-9 综合费计算表

建设项目名称：

编制范围：　　　　　　　　　　　　　　　　　　第　页　共　页　04-1表

序号	工程类别	措施费											企业管理费						规费					
		冬季施工增加费	雨季施工增加费	夜间施工增加费	高原地区施工增加费	风沙地区施工增加费	沿海地区施工增加费	行车干扰施工增加费	施工辅助费	工地转移费	综合费用		基本费用	主副食运费补贴	职工探亲路费	职工取暖补贴	财务费用	综合费用	养老保险费	失业保险费	医疗保险费	工伤保险费	住房公积金	综合费用
											Ⅰ	Ⅱ												
1	2	3	4	5	6	7	8	9	10	11	12	13	14	15	16	17	18	19	20	21	22	23	24	25

填表说明：

本表应根据建设项目具体分项工程，按概算预算编制办法规定的计算方法分别计算各项费用。

其中：12 = 3 + 4 + 5 + 6 + 7 + 8 + 9 + 11；13 = 10；19 = 14 + 15 + 16 + 17 + 18；25 = 20 + 21 + 22 + 23 + 24。

编制：　　　　　　　　　　　　　　　　　　复核：

表 A.0.2-10 设备费计算表

建设项目名称：

编制范围：

第　页　共　页　05 表

代号	设备名称	规格型号	单位	数量	基价	定额设备购置费(元)	单价(元)	设备购置费(元)	税金(元)	定额设备费(元)	设备费(元)
	合计										

填表说明：

本表应根据具体的设备购置清单进行计算，包括设备规格、单位、数量、设备基价、定额设备购置费、设备预算单价、税金以及定额设备费和设备费。设备购置费不计取措施费及企业管理费。

编制：　　　　复核：

表 A.0.2-11 专项费用计算表

建设项目名称：

编制范围：

第 页 共 页 06 表

序号	工程或费用名称	说明及计算式	金额(元)	备注
		填表说明： 本表应依据项目按本办法规定的专项费用项目填写，在说明及计算式栏内填写需要说明的内容及计算式。		

编制： 复核：

表 A.0.2-12　土地使用及拆迁补偿费计算表

建设项目名称：

编制范围：　　　　　　　　　　　　　　　　　　第　页　共　页　07表

序号	费 用 名 称	单位	数量	单价(元)	金额(元)	说明及计算式	备　注

填表说明：

本表按规定填写单位、数量、单价和金额；说明及计算式栏内应注明标准及计算式；子项下边有分项的，可以按顺序依次往下编号。

编制：　　　　　　　　　　　　　　　　复核：

表 A.0.2-13　工程建设其他费计算表

建设项目名称：

编制范围：　　　　　　　　　　　　第　页　共　页　08 表

序号	费用名称及项目	说明及计算式	金额(元)	备　注
	填表说明： 本表应按具体发生的其他费用项目填写，需要说明和具体计算的费用项目依次相应在说明及计算式栏内填写或具体计算，各项费用具体填写如下： 1. 建设项目管理费包括建设单位(业主)管理费、建设项目信息化费、工程监理费、设计文件审查费、竣(交)工验收试验检测费，按本办法规定的计算基数、费率、方法或有关规定列式计算。 2. 研究试验费应根据设计需要进行研究试验的项目分别填写项目名称及金额或列式计算或进行说明。 3. 建设项目前期工作费按本办法规定的计算基数、费率、方法计算。 4. 专项评价(估)费、联合试运转费、生产准备费、工程保通管理费、工程保险费、预备费、建设期贷款利息等其他费用根据本办法规定或国家有关规定依次类推计算。			

编制：　　　　　　　　　　　　复核：

表 A.0.2-14 人工、材料、施工机械台班单价汇总表

建设项目名称：

编制范围：　　　　　　　　　　　　第　页　共　页　09 表

序号	名　称	单位	代号	预算单价(元)	备注	序号	名　称	单位	代号	预算单价(元)	备注

填表说明：

本表预算单价主要由材料预算单价计算表(22 表)和施工机械台班单价计算表(24 表)转来。

编制：　　　　　　　　　　　　复核：

A.0.3 乙组文件目录格式及相应内容如下所示:

目　　录

(乙组文件)

1　分项工程概(预)算计算数据表(21-1 表) 见表 A.0.3-1。
2　分项工程概(预)算表(21-2 表)见表 A.0.3-2。
3　材料预算单价计算表(22 表)见表 A.0.3-3。
4　自采材料料场价格计算表(23-1 表)见表 A.0.3-4。
5　材料自办运输单位运费计算表(23-2 表)见表 A.0.3-5。
6　施工机械台班单价计算表(24 表)见表 A.0.3-6。
7　辅助生产人工、材料、施工机械台班单位数量表(25 表)见表 A.0.3-7。

表 A.0.3-1 分项工程概(预)算计算数据表

建设项目名称:

编制范围: 标准定额库版本号: 校验码: 第 页 共 页 21-1 表

分项编号/定额代号/工料机代号	项目、定额或工料机的名称	单 位	数 量	输入单价	输入金额	分项组价类型或定额子目取费类别	定额调整情况或分项算式

填表说明:

1. 本表应逐行从左到右横向逐栏填写。
2. “分项编号”“定额代号”“工料机代号”等应根据实际需要按本办法附录 B 概算预算项目表及现行《公路工程概算定额》(JTG/T 3831)、《公路工程预算定额》(JTG/T 3832)的相关内容填写。
3. 本表主要是为利用计算机软件编制概算、预算提供分项组价基础数据,列明工程项目全部计算分项的组价参数;分项组价类型包括:输入单价、输入金额、算式列表、费用列表和定额组价五类;定额调整情况分配合比调整、钢筋调整、抽换、乘系数、综合调整等,非标准补充定额列出其工料机及其消耗量;具体填表规则由软件用户手册详细制定。
4. 标准定额库版本号由公路工程造价依据信息平台和最新的标准定额库一起发布,造价软件接收后直接输出。
5. 校验码由定额库版本号加密生成,由公路工程造价依据信息平台与定额库版本号同时发布,造价软件直接输出。为便于校验,造价软件可按条形码形式输出。

编制: 复核:

表 A.0.3-2 分项工程概(预)算表

编制范围：

分项编号：　　　　工程名称：　　　　单位：　　　　数量：　　　　单价：　　　　第　页　共　页　21-2 表

代号	工程项目												合计	
	工程细目													
	定额单位													
	工程数量													
	定额表号													
	工、料、机名称		单位	单价(元)	定额	数量	金额(元)	定额	数量	金额(元)	定额	数量	金额(元)	数量	金额(元)
1	人工		工日												
2	……														
	直接费		元												
	措施费	I	元												
	措施费	Ⅱ	元												
	企业管理费		元			%			%			%			
	规费		元			%			%			%			
	利润		元			%			%			%			
	税金		元			%			%			%			
	金额合计		元												

填表说明：

1. 本表按具体分项工程项目数量、对应概(预)算定额子目填写,单价由 09 表转来,金额 = ∑工、料、机各项的单价 × 定额 × 数量。
2. 措施费、企业管理费按相应项目的定额人工费与定额施工机械使用费之和或定额直接费 × 规定费率计算。
3. 规费按相应项目的人工费 × 规定费率计算。
4. 利润按相应项目的(定额直接费 + 措施费 + 企业管理费) × 利润率计算。
5. 税金按相应项目的(直接费 + 措施费 + 企业管理费 + 规费 + 利润) × 税率计算。
6. 措施费、企业管理费、规费、利润、税金对应定额列填入相应的计算基数,数量列填入相应的费率。

编制：　　　　　　　　　　　　　　　　复核：

表 A.0.3-3 材料预算单价计算表

建设项目名称：

编制范围：

第　页　共　页　22 表

代号	规格名称	单位	原价（元）	运杂费					原价运费合计（元）	场外运输损耗		采购及保管费		预算单价（元）
				供应地点	运输方式比重及运距	毛质量系数或单位毛质量	运杂费构成说明或计算式	单位运费（元）		费率（%）	金额（元）	费率（%）	金额（元）	

填表说明：

1. 本表计算各种材料自供应地点或料场至工地的全部运杂费与材料原价及其他费用组成预算单价。
2. 运输方式按火车、汽车、船舶等及所占运输比重填写。
3. 毛质量系数、场外运输损耗、采购及保管费按规定填写。
4. 根据材料供应地点、运输方式、运输单价、毛质量系数等，通过运杂费构成说明或计算式，计算得出材料单位运费。
5. 材料原价与单位运费、场外运输损耗、采购及保管费组成材料预算单价。

编制：　　　　　　　　　　复核：

表 A.0.3-4　自采材料料场价格计算表

编制范围：

自采材料名称：　　　　单位：　　　　数量：　　　　料场价格：　　　　第　页　共　页　23-1 表

代号	工程项目												合计	
	工程细目													
	定额单位													
	工程数量													
	定额表号													
	工、料、机名称	单位	单价(元)	定额	数量	金额(元)	定额	数量	金额(元)	定额	数量	金额(元)	数量	金额(元)
	直接费	元												
	辅助生产间接费	元			%			%			%			
	高原取费	元			%			%			%			
	金额合计	元												

填表说明：

1. 本表主要用于分析计算自采材料料场价格，应将选用的定额人工、材料、施工机械台班数量全部列出，包括相应的工、料、机单价。
2. 材料规格用途相同而生产方式（如人工捶碎石、机械轧碎石）不同时，应分别计算单价，再以各种生产方式所占比重根据合计价格加权平均计算料场价格。
3. 定额中施工机械台班有调整系数时，应在本表内计算。
4. 辅助生产间接费、高原取费对应定额列填入相应的计算基数，数量列填入相应的费率。

编制：　　　　　　　　　　　　　　　　复核：

表 A.0.3-5 材料自办运输单位运费计算表

编制范围：

自采材料名称： 单位： 数量： 单位运费： 第 页 共 页 23-2 表

代号	工程项目												合计	
	工程细目													
	定额单位													
	工程数量													
	定额表号													
	工、料、机名称	单位	单价(元)	定额	数量	金额(元)	定额	数量	金额(元)	定额	数量	金额(元)	数量	金额(元)
	直接费	元												
	辅助生产间接费	元			%			%			%			
	高原取费	元			%			%			%			
	金额合计	元												

填表说明：

1. 本表主要用于分析计算材料自办运输单位运费，应将选用的定额人工、材料、施工机械台班数量全部列出，包括相应的工、料、机单价。

2. 材料运输地点或运输方式不同时，应分别计算单价，再按所占比重加权平均计算材料运输价格。

3. 定额中施工机械台班有调整系数时，应在本表内计算。

4. 辅助生产间接费、高原取费对应定额列填入相应的计算基数，数量列填入相应的费率。

编制： 复核：

表 A.0.3-6　施工机械台班单价计算表

建设项目名称：

编制范围：　　　　　　　　　　　　　　　　第　页　共　页　24表

序号	代号	规格名称	台班单价(元)	不变费用(元)		可变费用(元)											
				调整系数		人工：(元/工日)		汽油：(元/kg)		柴油：(元/kg)						车船税	合计
				定额	调整值	定额	金额	定额	金额	定额	金额	定额	金额	定额	金额		

填表说明：

1. 本表应根据现行《公路工程机械台班费用定额》(JTG/T 3833)进行计算。不变费用如有调整系数应填入调整值；可变费用各栏填入定额数量。
2. 人工、动力燃料的单价由材料预算单价计算表(22表)中转来。

编制：　　　　　　　　　　　　　　　　复核：

表 A.0.3-7　辅助生产人工、材料、施工机械台班单位数量表

建设项目名称：

编制范围：

第　页　共　页　25 表

序号	规 格 名 称	单位	人工(工日)							

填表说明：

本表各栏数据由自采材料料场价格计算表(23-1 表)和材料自办运输单位运费计算表(23-2 表)统计而来。

编制：　　　　复核：

附录B　概算预算项目表

B.0.1　概算预算项目表如下:

1　概算预算项目表见表B.0.1-1。

2　路基工程项目分表(LJ)见表B.0.1-2。

3　路面工程项目分表(LM)见表B.0.1-3。

4　涵洞工程项目分表(HD)见表B.0.1-4。

5　桥梁工程项目分表(QL)见表B.0.1-5。

6　隧道工程项目分表(SD)见表B.0.1-6。

7　交通安全设施工程项目分表(JA)见表B.0.1-7。

8　隧道机电工程项目分表(SJ)见表B.0.1-8。

9　绿化及环境保护工程项目分表(LH)见表B.0.1-9。

表 B.0.1-1 概算预算项目表

分项编号	工程或费用名称	单位	主要工作内容	备 注
1	第一部分 建筑安装工程费	公路公里		建设项目路线总长度(主线长度)
101	临时工程	公路公里		
10101	临时道路	km		新建施工便道与利用原有道路的总长
1010101	临时便道(修建、拆除与维护)	km		新建施工便道长度
1010102	原有道路的维护与恢复	km		利用原有道路长度
1010103	保通便道	km		
101010301	保通便道(修建、拆除与维护)	km		修建、拆除与维护
101010302	保通临时安全设施	km		临时安全设施修建、拆除与维护
10102	临时便桥、便涵	m/座		
1010201	临时便桥	m/座	修建、拆除与维护	临时施工汽车便桥
1010202	临时涵洞	m/座		
10103	临时码头	座		按不同的形式分级
10104	临时供电设施	总额		包括临时电力线路、变压器摊销等,不包括场外高压供电线路
10105	临时电信设施	总额		不包括广播线
	……			
102	路基工程	km		扣除主线桥梁、隧道和互通立交的主线长度,独立桥梁或隧道为引道或接线长度。下挂路基工程项目分表
	……			
103	路面工程	km		扣除主线桥梁、隧道和互通立交的主线长度,独立桥梁或隧道为引道或接线长度,下挂路面工程项目分表
	……			
104	桥梁涵洞工程	km		指桥梁长度
10401	涵洞工程	m/道		下挂涵洞工程项目分表
	……			
10402	小桥工程	m/座		
1040201	拱桥	m^2/m		下挂桥梁工程项目分表
1040202	矩形板桥	m^2/m		下挂桥梁工程项目分表
1040203	空心板桥	m^2/m		下挂桥梁工程项目分表
1040204	小箱梁桥	m^2/m		下挂桥梁工程项目分表
1040205	T 梁桥	m^2/m		下挂桥梁工程项目分表
	……			
10403	中桥工程	m/座		
1040301	拱桥	m^2/m		下挂桥梁工程项目分表,不分基础、上(下)部

续上表

分项编号	工程或费用名称	单位	主要工作内容	备　注
1040302	预制矩形板桥	m^2/m		下挂桥梁工程项目分表,不分基础、上(下)部
1040303	预制空心板桥	m^2/m		下挂桥梁工程项目分表,不分基础、上(下)部
1040304	预制小箱梁桥	m^2/m		
1040305	预制 T 梁桥	m^2/m		
1040306	现浇箱梁桥	m^2/m		
	……			
10404	大桥工程	m/座		
1040401	××桥(桥型、跨径)	m^2/m		下挂桥梁工程项目分表
	……			
10405	特大桥工程	m/座		
1040501	××特大桥工程	m^2/m		按桥名分级;技术复杂大桥先按主桥和引桥分级再按工程部位分级
104050101	引桥工程(桥型、跨径)	m^2/m	不含桥面铺装及附属工程内容	标注跨径、桥型,下挂桥梁工程项目分表
104050102	主桥工程(桥型、跨径)	m^2/m	不含桥面铺装及附属工程内容	标注跨径、桥型,下挂桥梁工程项目分表
104050103	桥面铺装	m^3		下挂桥梁工程项目分表相应部分
104050104	附属工程	m		下挂桥梁工程项目分表相应部分
10406	桥梁维修加固工程	m^2/m		下挂桥梁工程项目分表相应部分
	……			
105	隧道工程	km/座		按隧道名称分级,并注明其形式
10501	连拱隧道	km/座		
1050101	××隧道	m		下挂隧道工程项目分表
	……			
10502	小净距隧道	km/座		
1050201	××隧道	m		下挂隧道工程项目分表
	……			
10503	分离式隧道	km/座		
1050301	××隧道	m		下挂隧道工程项目分表
	……			
10504	下沉式隧道	km/座		
1050401	××隧道	m		下挂隧道工程项目分表
	……			

续上表

分项编号	工程或费用名称	单位	主要工作内容	备　　注
10505	沉管隧道	km/座		
1050501	××隧道	m		下挂隧道工程项目分表
	……			
10506	盾构隧道	km/座		
1050601	××隧道	m		下挂隧道工程项目分表
	……			
10507	其他形式隧道	km/座		
1050701	××隧道	m		下挂隧道工程项目分表
	……			
106	交叉工程	处		按不同的交叉形式分目
10601	平面交叉	处		按不同的类型分级
1060101	公路与等级公路平面交叉	处		下挂路基和路面等工程项目分表
1060102	公路与等外公路平面交叉	处		下挂路基和路面等工程项目分表
	……			
10602	通道	m/处		按结构类型分级
1060201	箱式通道	m/处		
1060202	板式通道	m/处		
1060203	拱形通道	m/处		
	……			
10603	天桥	m/座		按不同的结构类型分级,若有连接线,下挂路基和路面等工程项目分表
1060301	钢结构桥	m/处		
1060302	钢筋混凝土拱桥	m/处		
1060303	钢筋混凝土梁桥	m/处		
1060304	钢筋混凝土板桥	m/处		
	……			
10604	渡槽	m/处		按不同的结构类型分级
10605	分离式立体交叉	km/处		主线下穿时,上跨主线的才计入分离立交,按交叉名称分级
1060501	××分离式立体交叉	处		
106050101	××分离立交桥梁	m		下挂桥梁模块
106050102	××分离立交连接线	km		下挂路基、路面、涵洞工程项目分表
	……			
10606	互通式立体交叉	km/处		按互通名称分级

续上表

分项编号	工程或费用名称	单位	主要工作内容	备　注
1060601	××互通式立体交叉	km		注明类型,如单喇叭,再按主线和匝道分级
106060101	主线工程	km		下挂路基、路面、涵洞、桥梁等工程项目分表
106060102	匝道工程	km		下挂路基、路面、涵洞、桥梁等工程项目分表
	……			
107	交通工程及沿线设施	公路公里		
10701	交通安全设施	公路公里		下挂交通安全设施工程项目分表
	……			
10702	收费系统	车道/处		收费车道数/收费站数
1070201	收费中心设备安装与土建	收费车道		按不同的设备分级
1070202	收费中心设备费	收费车道		按不同的设备分级
1070203	收费站设备安装与土建	收费车道		按不同的设备分级
1070204	收费站设备费	收费车道		按不同的设备分级
1070205	收费车道设备安装与土建	收费车道		按不同的设备分级
1070206	收费车道设备费	收费车道		按不同的设备分级
1070207	收费系统配电工程	收费车道		按不同的设备分级
	……			
1070208	收费岛工程	收费车道	收费岛土建、收费亭	按不同的工程及设备分级
	……			
10703	监控系统	公路公里		
1070301	监控中心、分中心	公路公里		
107030101	监控中心、分中心设备安装	公路公里	含中心、分中心和隧道管理站等	按不同的设备分级
107030102	监控中心、分中心设备费	公路公里	含中心、分中心和隧道管理站等	按不同的设备分级
1070302	外场监控	公路公里		
107030201	外场监控设备安装	公路公里		按不同的设备分级
107030202	外场监控设备费	公路公里		按不同的设备分级
1070303	监控系统配电工程	公路公里		按不同的设备分级
	……			
10704	通信系统	公路公里		

续上表

分项编号	工程或费用名称	单位	主要工作内容	备　注
1070401	通信系统设备安装	公路公里		按不同的设施分级
1070402	通信系统设备费	公路公里		按不同的设施分级
	……			
1070403	缆线安装工程	公路公里		主材与安装费分列
107040301	缆线安装	公路公里		
107040302	缆线主材费用	公路公里		
	……			
10705	隧道机电工程	km/座		指隧道双洞长度及座数。按单座隧道进行分级
1070501	×××隧道机电工程			下挂隧道机电工程项目分表
	……			
10706	供电及照明系统	km		不含隧道内供配电
1070601	供电系统设备及安装	公路公里		按不同的部位分级
107060101	场区供电设备安装	公路公里		按不同的设施分级
107060102	场区供电设备费	公路公里		按不同的设施分级
1070602	照明系统设备与安装	公路公里		
107060201	场区照明安装	公路公里		
107060202	场区照明系统设备费	公路公里	不含灯杆、灯架、灯座箱	
107060203	大桥照明安装	公路公里		
107060204	大桥照明设备费	公路公里	不含灯杆、灯架、灯座箱	
	……			
10707	管理、养护、服务房建工程	m^2		
1070701	管理中心	m^2/处		
107070101	房建工程	m^2		
	……			
1070702	养护工区	m^2/处		
107070201	房建工程	m^2		注明砖混或框架等结构形式
107070202	附属设施	m^2		围墙、大门、道路、场区硬化、照明、排水等,不含土石方工程
	……			
1070703	服务区	m^2/处		
107070301	服务区房屋	m^2		注明砖混或框架等结构形式

续上表

分项编号	工程或费用名称	单位	主要工作内容	备　注
107070302	附属设施	m^2	含围墙、大门、道路、场区硬化、照明、排水等,不含广场(场坪)土石方工程	广场(场坪)填挖土石方工程在主线土石方工程中
	……			
1070704	停车区	m^2/处		
	……			
1070705	收费站(棚)	m^2/处		
107070501	服务区房建工程	m^2		注明砖混或框架等结构形式
107070502	收费大棚	m^2		注明砖混或框架等结构形式
107070503	附属设施	m^2	含围墙、大门、道路、场区硬化、照明、排水等,不含广场(场坪)土石方工程	广场(场坪)填挖土石方工程在主线土石方工程中
	……			
1070706	公共交通车站	处		
107070601	港湾式	处		
107070605	直接式	处		
	……			
108	绿化及环境保护工程	公路公里		
10801	主线绿化及环境保护工程	公路公里		下挂绿化及环境保护工程项目分表
	……			
10802	互通立交绿化及环境保护工程	处		
1080201	××互通立交绿化及环境保护	处		下挂绿化及环境保护工程项目分表
	……			
10803	管养设施绿化及环境保护工程	m^2		按管养设施名称分级
1080301	××管理中心绿化及环境保护	m^2		下挂绿化及环境保护工程项目分表
	……			
1080302	××服务区绿化及环境保护	m^2		下挂绿化及环境保护工程项目分表
	……			
1080303	××停车区绿化及环境保护	m^2		下挂绿化及环境保护工程项目分表
	……			

续上表

分项编号	工程或费用名称	单位	主要工作内容	备　注
1080304	××养护工区绿化及环境保护	m^2		下挂绿化及环境保护工程项目分表
	……			
1080305	××收费站绿化及环境保护	m^2		下挂绿化及环境保护工程项目分表
	……			
10804	污水处理设施	处		按不同的内容分级
	……			
10805	取、弃土场绿化	处		下挂绿化及环境保护工程项目分表
	……			
109	其他工程	公路公里		
10901	联络线、支线工程	km/处		
1090101	××联络线、支线工程	km/处		下挂路基、路面、涵洞、桥梁、隧道、交通安全设施等工程项目分表
	……			
10902	连接线工程	km/处		
1090201	××连接线工程	km/处		下挂路基、路面、涵洞、桥梁、隧道、交通安全设施等工程项目分表
	……			
10903	辅道工程	km/处		
1090301	××辅道工程	km/处		下挂路基、路面、涵洞、桥梁、隧道、交通安全设施等工程项目分表
	……			
10904	改路工程	km/处		下挂路基工程项目分表
	……			
10905	改河、改沟、改渠	m/处		下挂路基工程项目分表
	……			
10906	悬出路台	m/处		
10907	渡口码头	处		
10908	取、弃土场排水防护	m^3		下挂路基工程项目分表
	……			
110	专项费用	元		
11001	施工场地建设费	元		
11002	安全生产费	元		
	……			
2	第二部分　土地使用及拆迁补偿费	公路公里		

续上表

分项编号	工程或费用名称	单位	主要工作内容	备　注
201	土地使用费	亩		
20101	永久征用土地	亩		按土地类别属性分类
20102	临时用地	亩		按使用性质分类
202	拆迁补偿费	公路公里		
203	其他补偿费	公路公里		
	……			
3	第三部分　工程建设其他费	公路公里		
301	建设项目管理费	公路公里		
30101	建设单位(业主)管理费	公路公里		
30102	建设项目信息化费	公路公里		
30103	工程监理费	公路公里		
30104	设计文件审查费	公路公里		
30105	竣(交)工验收试验检测费	公路公里		
302	研究试验费	公路公里		
303	建设项目前期工作费	公路公里		
304	专项评价(估)费	公路公里		
305	联合试运转费	公路公里		
306	生产准备费	公路公里		
30601	工器具购置费	公路公里		
30602	办公和生活用家具购置费	公路公里		
30603	生产人员培训费	公路公里		
30604	应急保通设备购置费	公路公里		
307	工程保通管理费	公路公里		
30701	保通便道管理费	km		
30702	施工期通航安全保障费	处		
30703	营运铁路保通管理费	处		
	……			
308	工程保险费	公路公里		
309	其他相关费用	公路公里		
4	第四部分　预备费	公路公里		
401	基本预备费	公路公里		
402	价差预备费	公路公里		
5	第一至四部分合计	公路公里		
6	建设期贷款利息	公路公里		
7	公路基本造价	公路公里		

注:此项目表和分项编码文本及电子库由本办法主编单位统一管理。编制概算、预算时,应执行统一的分项编号。

表 B.0.1-2　路基工程项目分表(LJ)

分项编号	工程或费用名称	单位	主要工作内容	备　　注
LJ01	场地清理	km		
LJ0101	清理与掘除	km		按清除内容分级
LJ010101	清除表土	m^3		
LJ010102	伐树、挖根	棵		
LJ0102	挖除旧路面	m^3		按挖除路面的类型分级
LJ010201	挖除水泥混凝土路面	m^3		
LJ010202	挖除沥青混凝土路面	m^3		
LJ010203	挖除碎(砾)石路面	m^3		
	……			
LJ0103	拆除旧建筑物、构筑物	m^3		按拆除材料分级
LJ010301	拆除钢筋混凝土结构	m^3		
LJ010302	拆除混凝土结构	m^3		
LJ010303	拆除砖石及其他砌体	m^3		
	……			
LJ02	路基挖方	m^3		
LJ0201	挖土方	m^3	挖、装、运、弃	
LJ0202	挖石方	m^3	挖、装、运、弃	
	……			
LJ03	路基填方	m^3		
LJ0301	利用土方填筑	m^3	填筑	不含桥涵台背回填
LJ0302	借土方填筑	m^3	挖、装、运、填筑	不含桥涵台背回填
LJ0303	利用石方填筑	m^3	挖、装、运、填筑	
LJ0304	借石方填筑	m^3	挖、装、运、解小、填筑	
LJ0305	填砂路基	m^3		
LJ0306	粉煤灰路基	m^3		
LJ0307	石灰土路基	m^3		
LJ04	结构物台背回填	m^3		按回填位置分级
LJ0401	锥坡填土	m^3		按不同的填筑材料分级
LJ0402	挡墙墙背回填	m^3		按不同的填筑材料分级
LJ0403	桥涵台背回填	m^3		按不同的填筑材料分级
LJ05	特殊路基处理	km		指需要处理的路基长度
LJ0501	软土地区路基处理	km		按不同的处理方法分级
LJ050101	抛石挤淤	m^3		
LJ050102	垫层	m^3		按不同的填料分级

续上表

分项编号	工程或费用名称	单位	主要工作内容	备　注
LJ050103	土工织物	m^2		按不同的土工织物分级
LJ050104	预压与超载预压	m^3		
LJ050105	真空预压与堆载预压	m^3		
LJ050106	塑料排水板	m		
LJ050107	水泥搅拌桩	m		
LJ050108	碎石桩	m		
LJ050109	混凝土管桩	m		
	……			
LJ0502	不良地质路段处治	km		
LJ050201	滑坡地段路基防治	km/处		按不同的处理方法分级
LJ050202	崩塌及岩堆路段路基防治	km/处		按不同的处理方法分级
LJ050203	泥石流路段路基防治	km/处		按不同的处理方法分级
LJ050204	岩溶地区防治	km/处		按不同的处理方法分级
LJ050205	采空区处理	km/处		按不同的处理方法分级
LJ050206	膨胀土处理	km		按不同的处理方法分级
LJ050207	黄土处理	m^3		按黄土的不同特性及处理方法分级
LJ05020701	陷穴	m^3		按不同的处理方法分级
LJ05020702	湿陷性黄土	m^3		按不同的处理方法分级
LJ050208	滨海路基防护与加固	km/处		按不同的处理方法分级
LJ050209	盐渍土处理	m^3		按不同的处理方法分级
	……			
LJ06	排水工程	km		路基工程长度,按不同的结构类型分级
LJ0601	边沟	m^3/m		按不同的材料分级
LJ060101	现浇混凝土边沟	m^3/m		
LJ060102	浆砌混凝土预制块边沟	m^3/m		
LJ060103	浆砌片(块)石边沟	m^3/m		
	……			
LJ0602	排水沟	m^3/m		按不同的材料分级
LJ060201	现浇混凝土排水沟	m^3/m		
LJ060202	浆砌混凝土预制块排水沟	m^3/m		
LJ060203	浆砌片(块)石排水沟	m^3/m		
	……			
LJ0603	截水沟	m^3/m		按不同的材料分级

续上表

分项编号	工程或费用名称	单位	主要工作内容	备　注
LJ060301	浆砌混凝土预制块截水沟	m^3/m		
LJ060302	浆砌片(块)石截水沟	m^3/m		
	……			
LJ0604	急流槽	m^3/m		按不同的材料分级
LJ060401	现浇混凝土急流槽	m^3/m		
LJ060402	浆砌片(块)石急流槽	m^3/m		
	……			
LJ0605	暗沟	m^3/m		按不同的材料分级
LJ060501	现浇混凝土暗沟	m^3/m		
LJ060502	浆砌片石暗沟	m^3/m		
	……			
LJ0606	渗(盲)沟	m^3/m		按不同的材料分级
LJ0607	其他排水工程	km		
	……			
LJ07	路基防护与加固工程	km		按不同的结构类型分级
LJ0701	一般边坡防护与加固	km		坡底与路基顶面交界长度(按单边计),指非高边坡路段的防护及支挡建筑物
LJ0702	高边坡防护与加固	km/处	包括植物防护、圬工防护、导治结构物及支挡建筑物等	坡底与路基顶面交界长度(按单边计),指土质挖方边坡高度大于20m、岩质挖方边坡高度大于30m或填方边坡高度大于20m的边坡防护与加固
LJ0703	冲刷防护	m	包括植物防护、铺石、抛石、石笼、导治结构物等	防护水流对路基冲刷和淘刷的防护工程;防护段长度
LJ0704	其他防护	km	除以上路基防护工程外的路基其他防护工程等	指路基长度
	……			
LJ08	路基其他工程	km	除以上工程外的路基工程,包括整修路基、整修边坡等	指路基长度
	……			

表 B.0.1-3 路面工程项目分表(LM)

分项编号	工程或费用名称	单位	主要工作内容	备 注
LM01	沥青混凝土路面			
LM0101	路面垫层	m^2		按不同的材料分级
LM010101	碎石垫层	m^2		按不同的厚度分级
LM010102	砂砾垫层	m^2		按不同的厚度分级
	……			
LM0102	路面底基层	m^2		按不同的材料分级
LM010201	石灰稳定类底基层	m^2		按不同的厚度分级
LM010202	水泥稳定类底基层	m^2		按不同的厚度分级
LM010203	石灰粉煤灰稳定类底基层	m^2		按不同的厚度分级
LM010204	级配碎(砾)石底基层	m^2		按不同的厚度分级
	……			
LM0103	路面基层	m^2		按不同的材料分级
LM010301	石灰稳定类基层	m^2		按不同的厚度分级
LM010302	水泥稳定类基层	m^2		按不同的厚度分级
LM010303	石灰粉煤灰稳定类基层	m^2		按不同的厚度分级
LM010304	级配碎(砾)石基层	m^2		按不同的厚度分级
LM010305	水泥混凝土基层	m^2		按不同的厚度分级
LM010306	沥青碎石混合料基层	m^2		按不同的厚度分级
	……			
LM0104	透层、黏层、封层	m^2		按不同的形式分级
LM010401	透层	m^2		按不同的材料分级
LM010402	黏层	m^2		按不同的材料分级
LM010403	封层	m^2		按不同的材料分级
LM010404	沥青表处封层	m^2		
LM010405	稀浆封层	m^2		
LM010406	沥青同步碎石封层	m^2		
LM010407	土工布	m^2		
LM010408	玻璃纤维格栅	m^2		
	……			
LM0105	沥青混凝土面层	m^2		
LM010501	粗粒式沥青混凝土面层	m^2		按不同的厚度分级
LM010502	中粒式沥青混凝土面层	m^2		按不同的厚度分级
LM010503	细粒式沥青混凝土面层	m^2		按不同的厚度分级
LM010504	改性沥青混凝土面层	m^2		按不同的厚度分级
LM010505	沥青玛蹄脂碎石混合料面层	m^2		按不同的厚度分级
	……			
LM02	水泥混凝土路面	m^2		

续上表

分项编号	工程或费用名称	单位	主要工作内容	备　注
LM0201	路面垫层	m^2		按不同的材料分级
LM020101	碎石垫层	m^2		按不同的厚度分级
LM020102	砂砾垫层	m^2		按不同的厚度分级
	……			
LM0202	路面底基层	m^2		按不同的材料分级
LM020201	石灰稳定类底基层	m^2		按不同的厚度分级
LM020202	水泥稳定类底基层	m^2		按不同的厚度分级
LM020203	石灰粉煤灰稳定类底基层	m^2		按不同的厚度分级
LM020204	级配碎(砾)石底基层	m^2		按不同的厚度分级
	……			
LM0203	路面基层	m^2		按不同的材料分级
LM020301	石灰稳定类基层	m^2		按不同的厚度分级
LM020302	水泥稳定类基层	m^2		按不同的厚度分级
LM020303	石灰粉煤灰稳定类基层	m^2		按不同的厚度分级
LM020304	级配碎(砾)石基层	m^2		按不同的厚度分级
LM020305	水泥混凝土基层	m^2		按不同的厚度分级
LM020306	沥青碎石混合料基层	m^2		按不同的厚度分级
	……			
LM0204	透层、黏层、封层	m^2		按不同的形式分级
LM020401	透层	m^2		按不同的材料分级
LM020402	黏层	m^2		按不同的材料分级
LM020403	封层	m^2		按不同的材料分级
LM020404	沥青表处封层	m^2		
LM020405	稀浆封层	m^2		
LM020406	沥青同步碎石封层	m^2		
LM020407	土工布	m^2		
LM020408	玻璃纤维格栅	m^2		
	……			
LM0205	水泥混凝土面层	m^2		按不同的材料分级
LM020501	水泥混凝土	m^2		按不同的厚度分级
LM020502	钢筋	t		
LM03	其他路面	m^2		按不同的类型分级
	……			
LM04	路槽、路肩及中央分隔带	m^2		
LM0401	挖路槽	m^2		按不同的土质分级
LM040101	土质路槽	m^2		

续上表

分项编号	工程或费用名称	单位	主要工作内容	备注
LM040102	石质路槽	m^2		
LM0402	路肩	km		
LM040201	培路肩	m^3		
LM040202	土路肩加固	m^3		按不同的加固方式分级
LM04020201	现浇混凝土	m^3		
LM04020202	铺砌混凝土预制块(路边石)	m^3		
LM04020203	浆砌片石	m^3		
	……			
LM0403	中间带	km		
LM040301	回填土	m^3		
LM040302	路缘石	m^3		按现浇和预制安装分级
LM040303	混凝土过水槽	m^3		
	……			
LM05	路面排水	km		按不同的类型分级
LM0501	拦水带	m		按不同的材料分级
LM050101	沥青混凝土	m^2/m		
LM050102	水泥混凝土	m^3/m		
LM0502	排水沟	m^3/m		按不同的类型分级
LM050201	路肩排水沟	m^3/m		
LM050202	中央分隔带排水沟	m^3/m		
LM0503	混凝土过水槽	m^3		
LM0504	排水管	m		按不同的类型分级
LM050401	纵向排水管	m		按不同的管径分级
LM050402	横向排水管	m/道		
LM0505	集水井	m^3/个		按不同的规格分级
LM0506	检查井	m^3/个		
	……			
LM06	旧路面处理	km/m^2		按不同的类型分级
	……			

表 B.0.1-4　涵洞工程项目分表(HD)

分项编号	工程或费用名称	单位	主要工作内容	备注
HD01	管涵	m/道		按管径和单、双孔分级
HD02	盖板涵	m/道		按不同的材料和涵径分级
HD03	箱涵	m/道		按不同的涵径分级
HD04	拱涵	m/道		按不同的材料和涵径分级
	……			

表 B.0.1-5　桥梁工程项目分表(QL)

分项编号	工程或费用名称	单位	主要工作内容	备　　注
QL01	基础工程	m^3		
QL0101	扩大基础	m^3		
QL010101	轻型墩台	m^3		
QL010102	实体式	m^3		
QL0102	桩基础	m^3/m		
QL010201	灌注桩基础	m^3		
QL010202	预制桩基础	m^3		
QL010203	钢管桩基础	t/m		
	……			
QL0103	沉井基础	m^3		
QL0104	钢围堰	t		大桥或特大桥的钢围堰深水基础
QL0105	承台	m^3		
QL0106	系梁	m^3		指地面以下系梁
	……			
QL02	下部构造	m^3		
QL0201	桥台	m^3		
QL0202	桥墩	m^3		
QL0203	索塔	m^3		
	……			
QL03	上部构造			按不同的形式划分细目,并注明其跨径
QL0301	钢筋混凝土矩形板	m^3		
QL0302	钢筋混凝土空心板	m^3		
QL0303	预应力混凝土空心板	m^3		
QL0304	预应力混凝土小箱梁	m^3		
QL0305	预应力混凝土 T 梁	m^3		
QL0306	现浇混凝土连续梁	m^3		
QL0307	现浇混凝土刚构	m^3		
QL0308	钢管拱肋	t		含钢管拱、钢管混凝土。 如缆索安装,含缆索吊装、扣索系统等
QL0309	钢管混凝土	m^3		
QL0310	混凝土拱肋	m^3		含拱肋混凝土、预应力钢材

续上表

分项编号	工程或费用名称	单位	主要工作内容	备　　注
QL0311	箱形拱	m^3		
QL0312	钢箱梁	t		
QL0313	主缆	t		包含主缆制作、安装
QL0314	猫道	m		包含牵引系统
QL0315	索鞍	t		
QL0316	吊索	t		
QL0317	吊杆	t		
	……			
QL04	桥面铺装			
QL0401	沥青混凝土铺装	m^3		包含桥面防水层
QL0402	水泥混凝土铺装	m^3		包含桥面防水层
QL0403	钢桥面沥青混凝土铺装	m^3		包含桥面防水层
	……			
QL05	桥梁附属结构			
QL0501	桥梁支座	个		
QL050101	板式橡胶支座	dm^3		
QL050102	盆式橡胶支座	个		
	……			
QL0502	伸缩缝	m		
QL050201	模数式伸缩缝	m		
	……			
QL0503	护栏与护网	m		
QL050301	人行道及栏杆	m		
QL050302	桥梁钢防撞护栏	m		
QL050303	桥梁波形梁护栏	m		
QL050304	桥梁混凝土防撞护栏	m		
QL050305	桥梁防护网	m		
QL06	其他工程	m		
	……			

表 B.0.1-6　隧道工程项目分表(SD)

分项编号	工程或费用名称	单位	主要工作内容	备　　注
SD01	洞门及明洞开挖	m^3		
SD0101	挖土方	m^3		
SD0102	挖石方	m^3		
	……			
SD02	洞口坡面排水、防护	m^3		
SD0201	浆砌截水沟	m^3		
SD0202	浆砌片石护坡	m^3		
SD0203	混凝土护坡	m^3		
SD0204	喷射混凝土	m^3		
SD0205	钢筋网	t		
SD0206	锚杆	t/m		
SD0207	种草(皮)	m^2		
SD0208	保温出水口	个		
	……			
SD03	洞门建筑	m^3/座		按不同材料分级
SD0301	浆砌洞门墙	m^3		
SD0302	混凝土洞门墙	m^3		
SD04	明洞修筑	m		
SD0401	明洞衬砌及洞顶回填	m^3/m		
SD040101	混凝土衬砌	m^3		
SD040102	钢筋	t		
SD040103	洞顶回填	m^3		
SD04010301	浆砌片石	m^3		
SD04010302	碎石土	m^3		
SD040104	遮光棚(板)	m		
SD04010401	基础	m^3		
SD04010402	型钢支架	t		
SD04010403	遮光棚(板)	m^2		
	……			
SD05	洞身开挖	m^3/m		
SD0501	开挖	m^3/m		按围岩级别分级
SD0502	注浆小导管	m		
SD0503	管棚	m		
SD0504	锚杆	m		按锚杆类型分级
SD0505	钢拱架(支撑)	t		
SD0506	注浆工程	m^3		

续上表

分项编号	工程或费用名称	单位	主要工作内容	备　注
SD0507	套拱混凝土	m^3		
SD0508	孔口管	t		
SD0509	喷混凝土	m^3		
SD0510	钢筋网	t		
SD0511	地质超前预报	总额		
	……			
SD06	洞身衬砌	m^3		
SD0601	浆砌块(片)石	m^3		
SD0602	现浇混凝土	m^3		
SD0603	钢筋	t		
	……			
SD07	仰拱	m^3		
SD0701	仰拱混凝土	m^3		
SD0702	仰拱回填混凝土	m^3		
SD0703	钢筋	t		
	……			
SD08	洞内管、沟	m^3		洞内管沟按照不同类别单列
SD0801	电缆沟	m		
SD080101	现浇混凝土	m/m^3		
SD080102	预制混凝土	m/m^3		
SD080103	钢筋	t		
SD080104	碎石垫层	m^3		
	……			
SD09	防水与排水	m^3		
SD0901	防水板	m^2		
SD0902	止水带、条	m		
SD0903	压浆	m^3		
SD0904	排水管	m		
	……			
SD10	洞内路面	m^2		按不同的路面结构和厚度分级
SD1001	水泥混凝土路面	m^2		
SD1002	沥青混凝土路面	m^2		
	……			
SD11	洞身及洞门装饰	m^2		
SD1101	隧道铭牌	个		
SD1102	喷防火涂料	m^2		
	……			

表 B.0.1-7 交通安全设施工程项目分表(JA)

分项编号	工程或费用名称	单位	主要工作内容	备　　注
JA01	护栏	m		
JA0101	混凝土、圬工砌体护栏	m^3/m		
JA010101	预制混凝土护栏	m^3/m		
	……			
JA0102	现浇钢筋混凝土防撞护栏	m^3/m		
JA010201	现浇钢筋混凝土防撞护栏墙体混凝土	m^3/m		
JA0103	柱式护栏	m^3/m		
JA0104	石砌墙式护栏	m^3/m		
JA0105	钢护栏	m		
JA010501	波形钢板护栏	m		
JA010502	缆索护栏	m		
JA010503	活动护栏	m		
JA02	隔离栅	m		
JA03	标志牌	块		
JA0301	铝合金标志牌	块		
JA030101	单柱式铝合金标志牌	块		
JA030102	双柱式铝合金标志牌	块		
JA030103	单悬臂铝合金标志牌	块		
JA030104	双悬臂铝合金标志牌	块		
JA030105	门架式铝合金标志牌	块		
JA030106	附着式铝合金标志牌	块		
JA0302	钢板标志牌	块		
JA030201	单柱式钢板标志牌	块		
JA030202	双柱式钢板标志牌	块		
JA030203	单悬臂钢板标志牌	块		
JA030204	双悬臂钢板标志牌	块		
JA030205	门架式钢板标志牌	块		
JA030206	附着式钢板标志牌	块		
	……			
JA04	标线	m^2		指标线的总面积
JA0401	路面标线	m^2		
JA040101	热熔标线	m^2/m		
JA040102	普通标线	m^2/m		
JA040103	振动标线	m^2/m		

续上表

分项编号	工程或费用名称	单位	主要工作内容	备　　注
JA040104	彩色铺装标线	m^2		
	……			
JA0402	路钮	个		
JA040201	路面反光路钮	个		
JA040202	自发光路面标识	个		
	……			
JA0403	减速带	m/处		
JA05	里程牌、百米桩、界碑	个		
JA0501	混凝土里程牌、百米桩、界碑	个		
JA050101	混凝土里程牌	个		
JA050102	混凝土百米桩	个		
JA050103	混凝土界碑	个		
JA0502	铝合金里程牌、百米桩、界碑	个		
JA050201	铝合金里程牌	个		
JA050202	铝合金百米桩	个		
JA050203	铝合金界碑	个		
JA06	轮廓标	个		
JA0601	钢板柱轮廓标	个		
JA0602	玻璃钢柱式轮廓标	个		
JA0603	栏式轮廓标	个		
JA07	防眩、防撞设施			
JA0701	防眩板	m		
JA0702	防眩网	m		
JA0703	防撞桶	个		
JA0704	防撞垫	个		
JA0705	水马	个		
JA08	中间带及车道分离块	公路公里		
JA0801	中间带	公路公里		
JA080101	预制混凝土中间带	m^3/m		
JA080102	现浇混凝土中间带	m^3/m		
JA080103	中间带填土	m^3		
JA0802	隔离墩	m		
JA080201	预制混凝土隔离墩	m^3/m		
JA0380202	现浇混凝土隔离墩	m^3/m		
JA0803	车道分离块	m^3/m		

续上表

分项编号	工程或费用名称	单位	主要工作内容	备　　注
JA09	安全设施拆除工程	公路公里		
JA0901	拆除铝合金标志	个		
JA0902	拆除混凝土护栏	m^3/m		
JA0903	拆除波形梁护栏	m		
JA0904	拆除隔离栅	m		
JA0905	拆除里程牌	个		
JA0906	拆除百米牌	个		
JA0907	拆除界碑	个		
JA0908	拆除防眩板	m		
JA0909	拆除突起路标	块		
JA0910	铲除标线	m^2/m		
JA10	客运汽车停靠站防雨棚	个		
JA1001	钢结构防雨棚	个		
JA1002	钢筋混凝土防雨棚	个		
JA1003	客运汽车停靠站地坪	m^2		
	……			

表 B.0.1-8　隧道机电工程项目分表(SJ)

分项编号	工程或费用名称	单位	主要工作内容	备　　注
SJ01	隧道监控			
SJ0101	隧道监控设备费			
SJ0102	隧道监控设备安装			
SJ0103	监控系统配电工程			
	……			
SJ02	隧道供电及照明系统			
SJ0201	隧道供电设备费			
SJ0202	隧道照明安装			
	……			
SJ03	隧道通风系统	km		按隧道单洞长度
SJ0301	隧道通风设备费	km		
SJ0302	隧道通风设备安装	km		
	……			
SJ04	隧道消防系统	km		按隧道单洞长度
SJ0401	隧道消防设备费	km		
SJ0402	隧道消防设备安装	km		
	……			

续上表

分项编号	工程或费用名称	单位	主要工作内容	备　注
SJ05	防火涂料	m^2		按涂料种类计列
	……			
SJ06	洞室门	个		按洞室类型分级
SJ0601	卷帘门	个		
SJ0602	检修门	个		
SJ0603	风机启动柜洞门	个		
SJ0604	消防室洞门	个		
SJ0605	防火闸门	个		
	……			

表 B.0.1-9　绿化及环境保护工程项目分表(LH)

分项编号	工程或费用名称	单位	主要工作内容	备　注
LH01	边坡绿化工程	m^2		按不同的材料分级、建议列入绿化工程
LH0101	播种草籽	m^2		
LH0102	铺(植)草皮	m^2		
LH0103	土工织物植草	m^2		
LH0104	植生袋植草	m^2		
LH0105	液压喷播植草	m^2		
LH0106	客土喷播植草	m^2		
LH0107	喷混植草	m^2		
LH0108	路堑边坡种植(插扦)灌木	m^2 或株		
LH0109	路堤边坡种植(插扦)灌木	m^2 或株		
	……			
LH02	场地绿化及环保	m^2		按不同的内容分级
LH0201	撒播草种	m^2		按不同的内容分级
LH0202	铺植草皮	m^2		按不同的内容分级
LH0203	绿地喷灌管道	m		按不同的内容分级
	……			
LH03	种植乔木	株		按不同的树种分级
LH0301	高山榕	株		
LH0302	美人蕉	株		
	……			
LH04	种植灌木	株		按不同的树种分级
LH0401	夹竹桃	株		
LH0402	月季	株		

续上表

分项编号	工程或费用名称	单位	主要工作内容	备　　注
	……			
LH05	种植攀缘植物	株		按不同的树种分级
LH0501	爬山虎	株		
LH0502	葛藤	株		
	……			
LH06	种植竹类植物	株		按不同的内容分级
LH07	种植棕榈类植物	株		按不同的内容分级
LH08	栽植绿篱	m^2		
LH09	声屏障	m		按不同的材料及类型分级
LH0901	消声板声屏障	m		
LH0902	吸音砖声屏障	m^3		
LH0903	砖墙声屏障	m^3		
	……			

附录 C 设备与材料的划分标准

C.0.1 工程建设设备与材料的划分,直接关系到投资构成的合理划分、概(预)算的编制以及施工产值的计算等方面。为合理确定工程造价,加强对建设过程投资管理,统一概(预)算编制口径,对交通工程中设备与材料的划分提出如下划分原则和规定。本规定如与国家主管部门新颁布的规定相抵触,按国家规定执行。

C.0.2 适用范围:

本标准适用于公路建设机电设备和建筑材料的划分。

C.0.3 设备与材料的划分原则:

1 凡是经过加工制造,由多种材料和部件按各自用途组成生产加工、动力、传送、储存、运输、科研等功能的机器、容器和其他机械、成套装置等均为设备。设备分为标准设备和非标准设备。

1)标准设备(包括通用设备和专用设备):按国家规定的产品标准批量生产的、已进入设备系列的设备。

2)非标准设备:是指国家未定型、非批量生产的,由设计单位提供制造图纸,委托承制单位或施工企业在工厂或施工现场制作的设备。

2 设备一般包括以下各项:

1)各种设备的本体及随设备到货的配件、备件和附属于设备本体制作成型的梯子、平台、栏杆及管道等。

2)各种计量器、仪表及自动化控制装置、试验仪器及属于设备本体部分的仪器仪表等。

3)附属于设备本体的油类、化学药品等设备的组成部分。

4)用于生产或生活、附属于建筑物的水泵、锅炉及水处理设备、电气、通风设备等。

3 为完成建筑、安装工程所需的经过工业加工的原料和在工艺生产过程中不起单元工艺生产作用的设备本体以外的零配件、附件、成品、半成品等均为材料。材料一般包括以下各项:

1)设备本体以外的不属于设备配套供货,需由施工企业进行加工制作或委托加工的平台、梯子、栏杆及其他金属构件等,以及成品、半成品形式供货的管道、管件、阀门、法兰等。

2)设备本体以外的各种行车轨道、滑触线、电梯的滑轨等均为材料。

C.0.4 设备与材料的划分界限:

1 设备:

1)通信系统:市内、长途电话交换机、程控电话交换机,微波、载波通信设备,电报和传真设备,中、短波通信设备及中短波电视天馈线装置,移动通信设备、卫星地球站设备,通信电源设备,光纤通信数字设备,有线广播设备等各种生产及配套设备和随机附件等。

2)监控和收费系统:自动化控制装置、计算机及其终端、工业电视、检测控制装置、各种探测器、除尘设备、分析仪表、显示仪表、基地式仪表、单元组合仪表、变送器、传送器及调节阀、盘上安装器,压力、温度、流量、差压、物位仪表,成套供应的盘、箱、柜、屏(包括箱和已经安装就位的仪表、元件等)及随主机配套供应的仪表等。

3)电气系统:各种电力变压器、互感器、调压器、感应移相器、电抗器、高压断路器、高压熔断器、稳压器、电源调整器、高压隔离开关、装置式空气开关、电力电容器、蓄电池、磁力启动器、交直流报警器、成套箱式变电站、共箱母线、封闭式母线槽,成套供应的箱、盘、柜、屏及其随设备带来的母线和支持瓷瓶等。

4)通风及管道系统:空气加热器、冷却器、各种空调机、风尘管、过滤器、制冷机组、空调机组、空调器、各类风机、除尘设备、风机盘管、净化工作台、风淋室、冷却塔、公称直径300mm以上的人工阀门和电动阀门等。

5)房屋建筑:电梯、成套或散装到货的锅炉及其附属设备、汽轮发电机及其附属设备、电动机、污水处理装置、电子秤、地中衡、开水炉、冷藏箱,热力系统的除氧器水箱和疏水箱,工业水系统的工业水箱,油冷却系统的油箱,酸碱系统的酸碱储存槽,循环水系统的旋转滤网、启闭装置的启闭机等。

6)消防及安全系统:隔膜式气压水罐(气压罐)、泡沫发生器、比例混合器、报警控制器、报警信号前端传输设备、无线报警发送设备、报警信号接收机、可视对讲主机、联动控制器、报警联动一体机、重复显示器、远程控制器、消防广播控制柜、广播功放、录音机、广播分配器、消防通信电话交换机、消防报警备用电源、X射线安全检查设备、金属武器探测门、摄像设备、监视器、镜头、云台、控制台、监视器柜、支台控制器、视频切换器、全电脑视频切换设备、音频分配器、视频分配器、脉冲分配器、视频补偿器、视频传输设备、汉字发生设备、录像、录音设备、电源、CRT显示终端、模拟盘等。

7)炉窑砌筑:装置在炉窑中的成品炉管、电机、鼓风机和炉窑传动、提升装置,属于炉窑本体的金属铸体、锻件、加工件及测温装置、仪器仪表、消烟装置、回收装置、除尘装置,随炉供应已安装就位的金具、耐火衬里、炉体金属预埋件等。

8)各种机动车辆。

9)各种工艺设备在试车时必须填充的一次性填充材料(如各种瓷环、钢环、塑料环、钢球等)、各种化学药品(如树脂、珠光砂、触煤、干燥剂、催化剂等)及变压器油等,不论是随设备带来的,还是单独订货购置的,均视为设备的组成部分。

2 材料:

1)各种管道、管件、配件、人工阀门、水表、防腐保温及绝缘材料、油漆、支架、消火栓、空气泡沫枪、泡沫炮、灭火器、灭火机、灭火剂、泡沫液、水泵接合器、可曲橡胶接头、消防喷头、卫生器具、钢制排水漏斗、水箱、分气缸、疏水器、减压器、压力表、温度计、调压板、散热器、供暖器具、凝结水箱、膨胀水箱、冷热水混合器、除污器、分水缸(器)、风管及其附件和各种调节阀、风口、风帽、罩类、消声器及其部(构)件、散流器、保护壳、风机减震台座、减震器、凝结水收集器、单双人焊接装置、煤气灶、煤气表、烘箱灶、火管式沸水器、水型热水器、开关、引火棒、防雨帽、放散管拉紧装置等。

2)各种电线、母线、绞线、电缆、电缆终端头、电缆中间头、吊车滑触线、接地母线,接地极、避雷线、避雷装置(包括各种避雷器、避雷针等)、高低压绝缘子、线夹、穿墙套管、灯具、开关、灯头盒、开关盒、接线盒、插座、闸盒保险器、电杆、横担、铁塔、各种支架、仪表插座、桥架、梯架、立柱、托臂、人孔手孔、挂墙照明配电箱、局部照明变压器、按钮、行程开关、刀闸开关、组合开关、转换开关、铁壳开关、电扇、电铃、电表、蜂鸣器、电笛、信号灯、低音扬声器、电话单机、熔断器等。

3)循环水系统的钢板闸门及拦污栅、启闭构架等。

4)现场制作与安装的炉管及其他所需的材料或填料,现场砌筑用的耐火、耐酸、保温、防腐、捣打料、绝热纤维、天然白泡石、玄武岩、金具、炉门及窥视孔、预埋件等。

5)所有随管线(路)同时组合安装的一次性仪表、配件、部件及元件(包括就地安装的温度计、压力表)等。

6)制造厂以散件或分段分片供货的塔、器、罐等,在现场拼接、组装、焊接、安装内件或改制时所消耗的物料均为材料。

7)各种金属材料、金属制品、焊接材料、非金属材料、化工辅助材料、其他材料等。

3　对于一些在制造厂未整体制作完成的设备,或分片压制成型,或分段散装供货的设备,需要建安工人在施工现场加工、拼装、焊接的,按上述划分原则和其投资构成应属于设备。为合理反映建安工人付出的劳动和创造的价值,可按其在现场加工组装焊接的工作量,将其分片或组装件按其设备价值的一部分以加工费的形式计入安装工程费内。

4　供应原材料,在施工现场制作安装或施工企业附属生产单位为本单元承包工程制作并安装的非标准设备,除配套的电机、减速机外,其加工制作消耗的工、料(包括主材)、机等均应计入安装工程费内。

5　凡是制造厂未制造完成的设备,已分片压制成型、散装或分段供货,需要建安工人在施工现场拼装、组装、焊接及安装内件的,其制作、安装所需的物料为材料,内件、塔盘为设备。

附录D 全国冬季施工气温区划分表

省份	地区、市、自治州、盟(县)	气温区	
北京	全境	冬二	Ⅰ
天津	全境	冬二	Ⅰ
河北	石家庄、邢台、邯郸、衡水市(冀州区、枣强县、故城县)	冬一	Ⅱ
	廊坊、保定(涞源县及以北除外)、衡水(冀州区、枣强县、故城县除外)、沧州市	冬二	Ⅰ
	唐山、秦皇岛市		Ⅱ
	承德(围场县除外)、张家口(沽源县、张北县、尚义县、康保县除外)、保定市(涞源县及以北)	冬三	
	承德(围场县)、张家口市(沽源县、张北县、尚义县、康保县)	冬四	
山西	运城市(万荣县、夏县、绛县、新绛县、稷山县、闻喜县除外)	冬一	Ⅱ
	运城(万荣县、夏县、绛县、新绛县、稷山县、闻喜县)、临汾(尧都区、侯马市、曲沃县、翼城县、襄汾县、洪洞县)、阳泉(盂县除外)、长治(黎城县)、晋城市(城区、泽州县、沁水县、阳城县)	冬二	Ⅰ
	太原(娄烦县除外)、阳泉(盂县)、长治(黎城县除外)、晋城(城区、泽州县、沁水县、阳城县除外)、晋中(寿阳县、和顺县、左权县除外)、临汾(尧都区、侯马市、曲沃县、翼城县、襄汾县、洪洞县除外)、吕梁市(孝义市、汾阳市、文水县、交城县、柳林县、石楼县、交口县、中阳县)		Ⅱ
	太原(娄烦县)、大同(左云县除外)、朔州(右玉县除外)、晋中(寿阳县、和顺县、左权县)、忻州、吕梁市(离石区、临县、岚县、方山县、兴县)	冬三	
	大同(左云县)、朔州市(右玉县)	冬四	
内蒙古	乌海市、阿拉善盟(阿拉善左旗、阿拉善右旗)	冬二	Ⅰ
	呼和浩特(武川县除外)、包头(固阳县除外)、赤峰、鄂尔多斯、巴彦淖尔、乌兰察布市(察哈尔右翼中旗除外),阿拉善盟(额济纳旗)	冬三	
	呼和浩特(武川县)、包头(固阳县)、通辽、乌兰察布市(察哈尔右翼中旗),锡林郭勒(苏尼特右旗、多伦县)、兴安盟(阿尔山市除外)	冬四	
	呼伦贝尔市(海拉尔区、新巴尔虎右旗、阿荣旗),兴安(阿尔山市)、锡林郭勒盟(冬四区以外各地)	冬五	
	呼伦贝尔市(冬五区以外各地)	冬六	
辽宁	大连(瓦房店市、普兰店市、庄河市除外)、葫芦岛市(绥中县)	冬二	Ⅰ
	沈阳(康平县、法库县除外)、大连(瓦房店市、普兰店市、庄河市)、鞍山、本溪(桓仁县除外)、丹东、锦州、阜新、营口、辽阳、朝阳(建平县除外)、葫芦岛(绥中县除外)、盘锦市	冬三	
	沈阳(康平县、法库县)、抚顺、本溪(桓仁县)、朝阳(建平县)、铁岭市	冬四	
吉林	长春(榆树市除外)、四平、通化(辉南县除外)、辽源、白山(靖宇县、抚松县、长白县除外)、松原(长岭县)、白城市(通榆县),延边自治州(敦化市、汪清县、安图县除外)	冬四	
	长春(榆树市)、吉林、通化(辉南县)、白山(靖宇县、抚松县、长白县)、白城(通榆县除外)、松原市(长岭县除外),延边自治州(敦化市、汪清县、安图县)	冬五	

续上表

<table>
<tr><th>省份</th><th>地区、市、自治州、盟(县)</th><th colspan="2">气 温 区</th></tr>
<tr><td rowspan="3">黑龙江</td><td>牡丹江市(绥芬河市、东宁市)</td><td colspan="2">冬四</td></tr>
<tr><td>哈尔滨(依兰县除外)、齐齐哈尔(讷河市、依安县、富裕县、克山县、克东县、拜泉县除外)、绥化(安达市、肇东市、兰西县)、牡丹江(绥芬河市、东宁市除外)、双鸭山(宝清县)、佳木斯(桦南县)、鸡西、七台河、大庆市</td><td colspan="2">冬五</td></tr>
<tr><td>哈尔滨(依兰县)、佳木斯(桦南县除外)、双鸭山(宝清县除外)、绥化(安达市、肇东市、兰西县除外)、齐齐哈尔(讷河市、依安县、富裕县、克山县、克东县、拜泉县)、黑河、鹤岗、伊春市,大兴安岭地区</td><td colspan="2">冬六</td></tr>
<tr><td>上海</td><td>全境</td><td colspan="2">准二</td></tr>
<tr><td rowspan="2">江苏</td><td>徐州、连云港市</td><td>冬一</td><td>Ⅰ</td></tr>
<tr><td>南京、无锡、常州、淮安、盐城、宿迁、扬州、泰州、南通、镇江、苏州市</td><td colspan="2">准二</td></tr>
<tr><td>浙江</td><td>杭州、嘉兴、绍兴、宁波、湖州、衢州、舟山、金华、温州、台州、丽水市</td><td colspan="2">准二</td></tr>
<tr><td rowspan="3">安徽</td><td>亳州市</td><td>冬一</td><td>Ⅰ</td></tr>
<tr><td>阜阳、蚌埠、淮南、滁州、合肥、六安、马鞍山、芜湖、铜陵、池州、宣城、黄山市</td><td colspan="2">准一</td></tr>
<tr><td>淮北、宿州市</td><td colspan="2">准二</td></tr>
<tr><td>福建</td><td>宁德(寿宁县、周宁县、屏南县)、三明市</td><td colspan="2">准一</td></tr>
<tr><td>江西</td><td>南昌、萍乡、景德镇、九江、新余、上饶、抚州、宜春市</td><td colspan="2">准一</td></tr>
<tr><td>山东</td><td>全境</td><td>冬一</td><td>Ⅰ</td></tr>
<tr><td rowspan="2">河南</td><td>安阳、商丘、周口(西华县、淮阳县、鹿邑县、扶沟县、太康县)、新乡、三门峡、洛阳、郑州、开封、鹤壁、焦作、济源、濮阳、许昌市</td><td>冬一</td><td>Ⅰ</td></tr>
<tr><td>驻马店、信阳、南阳、周口(西华县、淮阳县、鹿邑县、扶沟县、太康县除外)、平顶山、漯河市</td><td colspan="2">准二</td></tr>
<tr><td rowspan="2">湖北</td><td>武汉、黄石、荆州、荆门、鄂州、宜昌、咸宁、黄冈、天门、潜江、仙桃市,恩施自治州</td><td colspan="2">准一</td></tr>
<tr><td>孝感、十堰、襄阳、随州市,神农架林区</td><td colspan="2">准二</td></tr>
<tr><td>湖南</td><td>全境</td><td colspan="2">准一</td></tr>
<tr><td>重庆</td><td>城口县</td><td colspan="2">准一</td></tr>
<tr><td rowspan="6">四川</td><td>阿坝(黑水县)、甘孜自治州(新龙县、道浮县、泸定县)</td><td>冬一</td><td>Ⅱ</td></tr>
<tr><td>甘孜自治州(甘孜县、康定市、白玉县、炉霍县)</td><td rowspan="2">冬二</td><td>Ⅰ</td></tr>
<tr><td>阿坝(壤塘县、红原县、松潘县)、甘孜自治州(德格县)</td><td>Ⅱ</td></tr>
<tr><td>阿坝(阿坝县、若尔盖县、九寨沟县)、甘孜自治州(石渠县、色达县)</td><td colspan="2">冬三</td></tr>
<tr><td>广元市(青川县),阿坝(汶川县、小金县、茂县、理县)、甘孜(巴塘县、雅江县、得荣县、九龙县、理塘县、乡城县、稻城县)、凉山自治州(盐源县、木里县)</td><td colspan="2">准一</td></tr>
<tr><td>阿坝(马尔康市、金川县)、甘孜自治州(丹巴县)</td><td colspan="2">准二</td></tr>
<tr><td rowspan="2">贵州</td><td>贵阳、遵义(赤水市除外)、安顺市,黔东南、黔南、黔西南自治州</td><td colspan="2">准一</td></tr>
<tr><td>六盘水、毕节市</td><td colspan="2">准二</td></tr>
<tr><td rowspan="2">云南</td><td>迪庆自治州(德钦县、香格里拉市)</td><td>冬一</td><td>Ⅱ</td></tr>
<tr><td>曲靖(宣威市、会泽县)、丽江(玉龙县、宁蒗县)、昭通市(昭阳区、大关县、威信县、彝良县、镇雄县、鲁甸县),迪庆(维西县)、怒江(兰坪县)、大理自治州(剑川县)</td><td colspan="2">准一</td></tr>
</table>

续上表

省份	地区、市、自治州、盟(县)	气温区	
西藏	拉萨(当雄县除外)、日喀则(拉孜县)、山南(浪卡子县、错那县、隆子县除外)、昌都(芒康县、左贡县、类乌齐县、丁青县、洛隆县除外)、林芝市	冬一	Ⅰ
	山南(隆子县)、日喀则市(定日县、聂拉木县、亚东县、拉孜县除外)		Ⅱ
	昌都市(洛隆县)	冬二	Ⅰ
	昌都(芒康县、左贡县、类乌齐县、丁青县)、山南(浪卡子县)、日喀则市(定日县、聂拉木县),阿里地区(普兰县)		Ⅱ
	拉萨(当雄县)、山南(错那县)、日喀则市(亚东县),那曲(安多县除外)、阿里地区(普兰县除外)	冬三	
	那曲地区(安多县)	冬四	
陕西	西安、宝鸡、渭南、咸阳(彬县、旬邑县、长武县除外)、汉中(留坝县、佛坪县)、铜川市(耀州区)	冬一	Ⅰ
	铜川(印台区、王益区)、咸阳市(彬县、旬邑县、长武县)		Ⅱ
	延安(吴起县除外)、榆林(清涧县)、铜川市(宜君县)	冬二	Ⅱ
	延安(吴起县)、榆林市(清涧县除外)	冬三	
	商洛、安康、汉中市(留坝县、佛坪县除外)	准二	
甘肃	陇南市(两当县、徽县)	冬一	Ⅱ
	兰州、天水、白银(会宁县、靖远县)、定西、平凉、庆阳、陇南市(西和县、礼县、宕昌县),临夏、甘南自治州(舟曲县)	冬二	Ⅱ
	嘉峪关、金昌、白银(白银区、平川区、景泰县)、酒泉、张掖、武威市,甘南自治州(舟曲县除外)	冬三	
	陇南市(武都区、文县)	准一	
	陇南市(成县、康县)	准二	
青海	海东市(民和县)	冬二	Ⅱ
	西宁、海东(民和县除外),黄南(泽库县除外)、海南、果洛(班玛县、达日县、久治县)、玉树(囊谦县、杂多县、称多县、玉树市)、海西自治州(德令哈市、格尔木市、都兰县、乌兰县)	冬三	
	海北(野牛沟、托勒除外)、黄南(泽库县)、果洛(玛沁县、甘德县、玛多县)、玉树(曲麻莱县、治多县)、海西自治州(冷湖、茫崖、大柴旦、天峻县)	冬四	
	海北(野牛沟、托勒)、玉树(清水河)、海西自治州(唐古拉山区)	冬五	
宁夏	全境	冬二	Ⅱ
新疆	阿拉尔、哈密市(哈密市泌城镇),喀什(喀什市、伽师县、巴楚县、英吉沙县、麦盖提县、莎车县、叶城县、泽普县)、阿克苏(沙雅县、阿瓦提县)、和田地区,伊犁(伊宁市、新源县、霍城县霍尔果斯镇)、巴音郭楞(库尔勒市、若羌县、且末县、尉犁县铁干里可)、克孜勒苏自治州(阿图什市、阿克陶县)	冬二	Ⅰ
	喀什地区(岳普湖县)		Ⅱ
	乌鲁木齐市(牧业气象试验站、达坂城区、乌鲁木齐县小渠子乡)、吐鲁番、哈密市(十三间房、红柳河、伊吾县淖毛湖),塔城(乌苏市、沙湾县、额敏县除外)、阿克苏(沙雅县、阿瓦提县除外)、喀什地区(塔什库尔干县),克孜勒苏(乌恰县、阿合奇县)、巴音郭楞(和静县、焉耆县、和硕县、轮台县、尉犁县、且末县塔中)、伊犁自治州(伊宁市、霍城县、察布查尔县、尼勒克县、巩留县、昭苏县、特克斯县)	冬三	

续上表

省份	地区、市、自治州、盟(县)	气温区
新疆	乌鲁木齐(冬三区以外各地)、哈密市(巴里坤县),塔城(额敏县、乌苏市)、阿勒泰(阿勒泰市、哈巴河县、吉木乃县)、昌吉(昌吉市、木垒县、奇台县北塔山镇、阜康市天池)、博尔塔拉(温泉县、精河县、阿拉山口口岸)、克孜勒苏自治州(乌恰县吐尔尕特口岸)	冬四
	克拉玛依、石河子市,塔城(沙湾县)、阿勒泰地区(布尔津县、福海县、富蕴县、青河县),博尔塔拉(博乐市)、昌吉(阜康市、玛纳斯县、呼图壁县、吉木萨尔县、奇台县)、巴音郭楞自治州(和静县巴音布鲁克乡)	冬五

注:为避免烦冗,各民族自治州名称予以简化,如青海省的“海西蒙古族藏族自治州”简化为“海西自治州”。

附录 E　全国雨季施工雨量区及雨季期划分表

省份	地区、市、自治州、盟（县）	雨量区	雨季期（月数）
北京	全境	Ⅱ	2
天津	全境	Ⅰ	2
河北	张家口、承德市（围场县）	Ⅰ	1.5
	承德（围场县除外）、保定、沧州、石家庄、廊坊、邢台、衡水、邯郸、唐山、秦皇岛市	Ⅱ	2
山西	全境	Ⅰ	1.5
内蒙古	呼和浩特、通辽、呼伦贝尔（海拉尔区、满洲里市、陈巴尔虎旗、鄂温克旗）、鄂尔多斯（东胜区、准格尔旗、伊金霍洛旗、达拉特旗、乌审旗）、赤峰、包头、乌兰察布市（集宁区、化德县、商都县、兴和县、四子王旗、察哈尔右翼中旗、察哈尔右翼后旗、卓资县及以南），锡林郭勒盟（锡林浩特市、多伦县、太仆寺旗、西乌珠穆沁旗、正蓝旗、正镶白旗）	Ⅰ	1
	呼伦贝尔市（牙克石市、额尔古纳市、鄂伦春旗、扎兰屯市及以东），兴安盟		2
辽宁	大连（长海县、瓦房店市、普兰店市、庄河市除外）、朝阳市（建平县）	Ⅰ	2
	沈阳（康平县）、大连（长海县）、锦州（北镇市除外）、营口（盖州市）、朝阳市（凌源市、建平县除外）		2.5
	沈阳（康平县、辽中区除外）、大连（瓦房店市）、鞍山（海城市、台安县、岫岩县除外）、锦州（北镇市）、阜新、朝阳（凌源市）、盘锦、葫芦岛（建昌县）、铁岭市		3
	抚顺（新宾县）、辽阳市		3.5
	沈阳（辽中区）、鞍山（海城市、台安县）、营口（盖州市除外）、葫芦岛市（兴城市）	Ⅱ	2.5
	大连（普兰店市）、葫芦岛市（兴城市、建昌县除外）		3
	大连（庄河市）、鞍山（岫岩县）、抚顺（新宾县除外）、丹东（凤城市、宽甸县除外）、本溪市		3.5
	丹东市（凤城市、宽甸县）		4
吉林	辽源、四平（双辽市）、白城、松原市	Ⅰ	2
	吉林、长春、四平（双辽市除外）、白山市，延边自治州	Ⅱ	2
	通化市		3
黑龙江	哈尔滨（市区、呼兰区、五常市、阿城区、双城区）、佳木斯（抚远市）、双鸭山（市区、集贤县除外）、齐齐哈尔（拜泉县、克东县除外）、黑河（五大连池市、嫩江县）、绥化（北林区、海伦市、望奎县、绥棱县、庆安县除外）、牡丹江、大庆、鸡西、七台河市，大兴安岭地区（呼玛县除外）	Ⅰ	2
	哈尔滨（市区、呼兰区、五常市、阿城区、双城区除外）、佳木斯（抚远市除外）、双鸭山（市区、集贤县）、齐齐哈尔（拜泉县、克东县）、黑河（五大连池市、嫩江县除外）、绥化（北林区、海伦市、望奎县、绥棱县、庆安县）、鹤岗、伊春市，大兴安岭地区（呼玛县）	Ⅱ	2

续上表

省份	地区、市、自治州、盟(县)	雨量区	雨季期(月数)
上海	全境	Ⅱ	4
江苏	徐州、连云港市	Ⅱ	2
	盐城市		3
	南京、镇江、淮安、南通、宿迁、扬州、常州、泰州市		4
	无锡、苏州市		4.5
浙江	舟山市	Ⅱ	4
	嘉兴、湖州市		4.5
	宁波、绍兴市		6
	杭州、金华、温州、衢州、台州、丽水市		7
安徽	亳州、淮北、宿州、蚌埠、淮南、六安、合肥市	Ⅱ	1
	阜阳市		2
	滁州、马鞍山、芜湖、铜陵、宣城市		3
	池州市		4
	安庆、黄山市		5
福建	泉州市(惠安县崇武)	Ⅰ	4
	福州(平潭县)、泉州(晋江市)、厦门(同安区除外)、漳州市(东山县)	Ⅱ	5
	三明(永安市)、福州(市区、长乐市)、莆田市(仙游县除外)		6
	南平(顺昌县除外)、宁德(福鼎市、霞浦县)、三明(永安市、尤溪县、大田县除外)、福州(市区、长乐市、平潭县除外)、龙岩(长汀县、连城县)、泉州(晋江市、惠安县崇武、德化县除外)、莆田(仙游县)、厦门(同安区)、漳州市(东山县除外)		7
	南平(顺昌县)、宁德(福鼎市、霞浦县除外)、三明(尤溪县、大田县)、龙岩(长汀县、连城县除外)、泉州市(德化县)		8
江西	南昌、九江、吉安市	Ⅱ	6
	萍乡、景德镇、新余、鹰潭、上饶、抚州、宜春、赣州市		7
山东	济南、潍坊、聊城市	Ⅰ	3
	淄博、东营、烟台、济宁、威海、德州、滨州市		4
	枣庄、泰安、莱芜、临沂、菏泽市		5
	青岛市	Ⅱ	3
	日照市		4
河南	郑州、许昌、洛阳、济源、新乡、焦作、三门峡、开封、濮阳、鹤壁市	Ⅰ	2
	周口、驻马店、漯河、平顶山、安阳、商丘市		3
	南阳市		4
	信阳市	Ⅱ	2

续上表

省份	地区、市、自治州、盟(县)	雨量区	雨季期(月数)
湖北	十堰、襄阳、随州市,神农架林区	Ⅰ	3
	宜昌(秭归县、远安县、兴山县)、荆门市(钟祥市、京山县)	Ⅱ	2
	武汉、黄石、荆州、孝感、黄冈、咸宁、荆门(钟祥市、京山县除外)、天门、潜江、仙桃、鄂州、宜昌市(秭归县、远安县、兴山县除外),恩施自治州		6
湖南	全境	Ⅱ	6
广东	茂名、中山、汕头、潮州市	Ⅰ	5
	广州、江门、肇庆、顺德、湛江、东莞市		6
	珠海市	Ⅱ	5
	深圳、阳江、汕尾、佛山、河源、梅州、揭阳、惠州、云浮、韶关市		6
	清远市		7
广西	百色、河池、南宁、崇左市	Ⅱ	5
	桂林、玉林、梧州、北海、贵港、钦州、防城港、贺州、柳州、来宾市		6
海南	全境	Ⅱ	6
重庆	全境	Ⅱ	4
四川	阿坝(松潘县、小金县)、甘孜自治州(丹巴县、石渠县)	Ⅰ	1
	泸州市(古蔺县)、阿坝(阿坝县、若尔盖县)、甘孜自治州(道孚县、炉霍县、甘孜县、巴塘县、乡城县)		2
	德阳、乐山(峨边县)、雅安市(汉源县)、阿坝(壤塘县)、甘孜(泸定县、新龙县、德格县、白玉县、色达县、得荣县)、凉山自治州(美姑县)		3
	绵阳(江油市、安州区、北川县除外)、广元、遂宁、宜宾市(长宁县、珙县、兴文县除外),阿坝(黑水县、红原县、九寨沟县)、甘孜(九龙县、雅江县、理塘县)、凉山自治州(会理县、木里县、宁南县)		4
	南充(仪陇县除外)、广安(岳池县、武胜县、邻水县)、达州市(大竹县),阿坝(马尔康县)、甘孜(康定市)、凉山自治州(甘洛县)		5
	自贡(富顺县除外)、绵阳(北川县)、内江、资阳、雅安市(石棉县),甘孜(稻城县)、凉山自治州(盐源县、雷波县、金阳县)	Ⅱ	3
	成都、自贡(富顺县)、攀枝花、泸州(古蔺县除外)、绵阳(江油市、安州区)、眉山(洪雅县除外)、乐山(峨边县、峨眉山市、沐川县除外)、宜宾(长宁县、珙县、兴文县)、广安市(岳池县、武胜县、邻水县除外),凉山自治州(西昌市、德昌县、会理县、会东县、喜德县、冕宁县)		4
	眉山(洪雅县)、乐山(峨眉山市、沐川县)、雅安(汉源县、石棉县除外)、南充(仪陇县)、巴中、达州市(大竹县、宣汉县除外),凉山自治州(昭觉县、布拖县、越西县)		5
	达州市(宣汉县),凉山自治州(普格县)		6
贵州	贵阳、遵义、毕节市	Ⅱ	4
	安顺、铜仁、六盘水市,黔东南自治州		5
	黔西南自治州		6
	黔南自治州		7

续上表

省份	地区、市、自治州、盟(县)	雨量区	雨季期(月数)
云南	昆明(市区、嵩明县除外)、玉溪、曲靖(富源县、师宗县、罗平县除外)、丽江(宁蒗县、永胜县)、普洱市(墨江县)、昭通市,怒江(兰坪县、泸水市六库镇)、大理(大理市、漾濞县除外)、红河(个旧市、开远市、蒙自市、红河县、石屏县、建水县、弥勒市、泸西县)、迪庆、楚雄自治州	Ⅰ	5
	保山(腾冲市、龙陵县除外)、临沧市(凤庆县、云县、永德县、镇康县),怒江(福贡县、泸水市)、红河自治州(元阳县)		6
	昆明(市区、嵩明县)、曲靖(富源县、师宗县、罗平县)、丽江(古城区、华坪县)、普洱市(思茅区、景东县、镇沅县、宁洱县、景谷县),大理(大理市、漾濞县)、文山自治州	Ⅱ	5
	保山(腾冲市、龙陵县)、临沧(临翔区、双江县、耿马县、沧源县)、普洱市(西盟县、澜沧县、孟连县、江城县),怒江(贡山县)、德宏、红河(绿春县、金平县、屏边县、河口县)、西双版纳自治州		6
西藏	山南(加查县除外)、日喀则市(定日县),那曲(索县除外)、阿里地区	Ⅰ	1
	拉萨、昌都(类乌齐县、丁青县、芒康县除外)、日喀则(拉孜县)、林芝市(察隅县),那曲地区(索县)		2
	昌都(类乌齐县)、林芝市(米林县)		3
	昌都(丁青县)、林芝市(米林县、波密县、察隅县除外)		4
	林芝市(波密县)		5
	昌都(芒康县)、山南(加查县)、日喀则市(定日县、拉孜县除外)	Ⅱ	2
陕西	榆林、延安市	Ⅰ	1.5
	铜川、西安、宝鸡、咸阳、渭南市,杨凌区		2
	商洛、安康、汉中市		3
甘肃	天水(甘谷县、武山县)、陇南市(武都区、文县、礼县),临夏(康乐县、广河县、永靖县),甘南自治州(夏河县)	Ⅰ	1
	天水(北道区、秦城区)、定西(渭源县)、庆阳(华池县、环县)、陇南市(西和县),临夏(临夏市)、甘南自治州(临潭县、卓尼县)		1.5
	天水(秦安县)、定西(临洮县、岷县)、平凉(崆峒区)、庆阳(庆城县)、陇南市(宕昌县),临夏(临夏县、东乡县、积石山县)、甘南自治州(合作市)		2
	天水(张家川县)、平凉(静宁县、庄浪县)、庆阳(镇原县)、陇南市(两当县),临夏(和政县)、甘南自治州(玛曲县)		2.5
	天水(清水县)、平凉(泾川县、灵台县、华亭县、崇信县)、庆阳(西峰区、合水县、正宁县、宁县)、陇南市(徽县、成县、康县),甘南自治州(碌曲县、迭部县)		3
青海	西宁(湟源县)、海东市(平安区、乐都区、民和县、化隆县),海北(海晏县、祁连县、刚察县、托勒)、海南(同德县、贵南县)、黄南(泽库县、同仁县)、海西自治州(天峻县)	Ⅰ	1
	西宁(湟源县除外)、海东市(互助县),海北(门源县)、果洛(达日县、久治县、班玛县)、玉树自治州(称多县、杂多县、囊谦县、玉树市),河南自治县		1.5

续上表

省份	地区、市、自治州、盟(县)	雨量区	雨季期(月数)
宁夏	固原地区(隆德县、泾源县)	I	2
新疆	乌鲁木齐市(小渠子乡、牧业气象试验站、大西沟乡),昌吉(阜康市天池),克孜勒苏(吐尔尕特、托云、巴音库鲁提)、伊犁自治州(昭苏县、霍城县二台、松树头)	I	1
香港	(资料暂缺)		
澳门			
台湾			

注:1. 表中未列的地区除西藏林芝市墨脱县因无资料未划分外,其余地区均因降雨天数或平均日降雨量未达到计算雨季施工增加费的标准,故未划分雨量区及雨季期。

2. 行政区划依据资料及自治州、市的名称列法同冬季施工气温区划分说明。

附录 F　全国风沙地区公路施工区划分表

区划	沙漠(地)名称	地 理 位 置	自 然 特 征
风沙一区	呼伦贝尔沙地、嫩江沙地	呼伦贝尔沙地位于内蒙古呼伦贝尔平原,嫩江沙地位于东北平原西北部嫩江下游	属半干旱、半湿润严寒区,年降水量 280 ~ 400mm,年蒸发量 1400 ~ 1900mm,干燥度 1.2 ~ 1.5
	科尔沁沙地	散布于东北平原西辽河中、下游主干及支流沿岸的冲积平原上	属半湿润温冷区,年降水量 300 ~ 450mm,年蒸发量 1700 ~ 2400mm,干燥度 1.2 ~ 2.0
	浑善达克沙地	位于内蒙古锡林郭勒盟南部和赤峰市西北部	属半湿润温冷区,年降水量 100 ~ 400mm,年蒸发量 2200 ~ 2700mm,干燥度 1.2 ~ 2.0,年平均风速 3.5 ~ 5m/s,年大风天数 50 ~ 80d
	毛乌素沙地	位于内蒙古鄂尔多斯中南部和陕西北部	属半干旱温热区,年降水量东部 400 ~ 440mm,西部仅 250 ~ 320mm,年蒸发量 2100 ~ 2600mm,干燥度 1.6 ~ 2.0
	库布齐沙漠	位于内蒙古鄂尔多斯北部,黄河河套平原以南	属半干旱温热区,年降水量 150 ~ 400mm,年蒸发量 2100 ~ 2700mm,干燥度 2.0 ~ 4.0,年平均风速 3 ~ 4m/s
风沙二区	乌兰布和沙漠	位于内蒙古阿拉善东北部,黄河河套平原西南部	属干旱温热区,年降水量 100 ~ 145mm,年蒸发量 2400 ~ 2900mm,干燥度 8.0 ~ 16.0,地下水相当丰富,埋深一般为 1.5 ~ 3m
	腾格里沙漠	位于内蒙古阿拉善东南部及甘肃武威部分地区	属干旱温热区,沙丘、湖盆、山地、残丘及平原交错分布,年降水量 116 ~ 148mm,年蒸发量 3000 ~ 3600mm,干燥度 4.0 ~ 12.0
	巴丹吉林沙漠	位于内蒙古阿拉善西南边缘及甘肃酒泉部分地区	属干旱温热区,沙山高大密集,形态复杂,起伏悬殊,一般高 200 ~ 300m,最高可达 420m,年降水量 40 ~ 80mm,年蒸发量 1720 ~ 3320mm,干燥度 7.0 ~ 16.0
	柴达木沙漠	位于青海柴达木盆地	属极干旱寒冷区,风蚀地、沙丘、戈壁、盐湖和盐土平原相互交错分布,盆地东部年均气温 2 ~ 4℃,西部为 1.5 ~ 2.5℃,年降水量东部为 50 ~ 170mm,西部为 10 ~ 25mm,年蒸发量 2500 ~ 3000mm,干燥度 16.0 ~ 32.0
	古尔班通古特沙漠	位于新疆北部准噶尔盆地	属干旱温冷区,其中固定、半固定沙丘面积占沙漠面积的 97%,年降水量 70 ~ 150mm,年蒸发量 1700 ~ 2200mm,干燥度 2.0 ~ 10.0
风沙三区	塔克拉玛干沙漠	位于新疆南部塔里木盆地	属极干旱炎热区,年降水量东部 20mm 左右,南部 30mm 左右,西部 40mm 左右,北部 50mm 以上,年蒸发量在 1500 ~ 3700mm,中部达高限,干燥度 >32.0
	库姆达格沙漠	位于新疆东部、甘肃西部,罗布泊低地南部和阿尔金山北部	属极干旱炎热区,全部为流动沙丘,风蚀严重,年降水量 10 ~ 20mm,年蒸发量 2800 ~ 3000mm,干燥度 >32.0,年 8 级以上大风天数在 100d 以上

附录 G　涉水项目施工期通航安全保障费用计算方法

G.1　一般规定

G.1.1　为适应公路工程涉水项目施工期通航安全保障工作的需要,合理确定公路工程涉水项目施工期通航安全保障费用,规范施工期通航安全保障费用计算方法,编制本计算方法。

G.1.2　本计算方法适用于沿海水域、航道等级Ⅲ级及以上的内河水域需要开展通航安全保障工作的公路工程涉水项目设计概算、施工图预算的编制和管理。

G.1.3　需要开展通航安全保障工作的公路工程涉水项目,应根据该项目的通航环境、施工组织等进行专项设计,确定施工期通航安全保障的工作内容,按本计算方法规定计算各项费用。

G.1.4　通航安全保障费用由临时设施设备费、现场保障费、管理经费、税金组成,费用组成如图 G.1.4 所示。

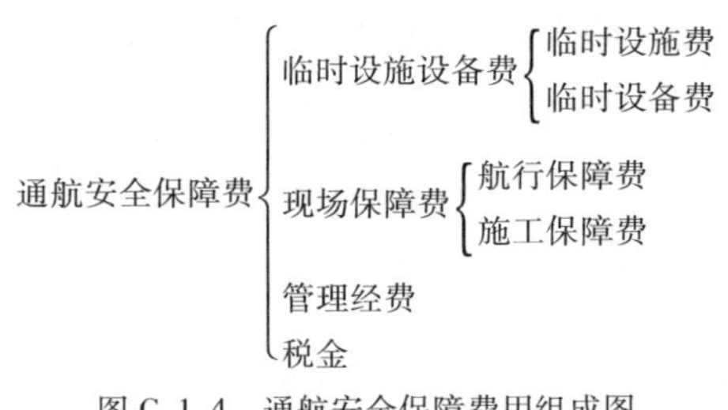

图 G.1.4　通航安全保障费用组成图

G.2　临时设施设备费

G.2.1　临时设施设备费由临时设施费和临时设备费组成。

G.2.2　临时设施费指为实施通航安全保障工作而需使用的办公及生活临时建筑物、通航保障船艇临时靠泊设施所发生的费用等。临时设施费按摊销和周转考虑。

G.2.3　临时设备费指因工程建设,导致船舶航路、航法或交通管理系统改变,为引导船舶安全航行而需要新建或改建导、助航设备所需的费用,内容包括:

1　导助航设备(如 AIS 基站、雷达应答器、航标等)的新建或改建所需的设备购置与安装费、租赁费、施工期维护费等。

2　交管专台设备的建立或完善所需的设备购置与安装费、租赁费、施工期维护费等。

G.2.4　通航安全保障费不包括因工程建设影响船舶航行而设置临时航道所发生的疏浚、扫测与制图等有关费用,需要时另行计算。临时设备费根据专项设计,按相关行业概算、预算编制规定以及配套定额计算各项费用。

G.3　现场保障费

G.3.1　现场保障费由航行保障费和施工保障费组成。

G.3.2　航行保障费指因项目施工影响了过往船舶通航秩序时,采用巡航、值守等方式,对施工水域水上通航秩序进行管理及利用交管专台进行监控而发生的船艇及人员费用。巡航指以动态巡查的方式对受影响水域实施警戒、疏导与管理,以及在接到现场应急处置需求时,巡航船艇从停泊点驶往现场等工作。值守指以静态值守的方式对受影响水域实施警戒、疏导与管理。航行保障费的计算公式见式(G.3.2)。

$$F_n = D \cdot [N_s \cdot (P_t \cdot A_t + P_s \cdot A_s) + N_m \cdot A_m] \tag{G.3.2}$$

式中:F_n——航行保障费(元);

D——航行保障工作天数(d),指在船舶可航行水域施工开始至结束的总天数;

N_s——保障船艇数量(艘),具体计取方法根据专项设计确定,可参考表G.3.2-1;

表G.3.2-1　保障船艇数量计取方法

项目轴线跨越船舶航行水域长度 L (km)	$L \leqslant 0.5$	$0.5 < L \leqslant 1$	$1 < L \leqslant 10$	$L > 10$
保障船艇数量 N_s	1	2	3	$N_s = [3 + (L - 10)/5]$(向上取整)

P_t——巡航日艘班数,按0.25艘班/d计;

A_t——船艇巡航艘班单价(元),按现行《公路工程机械台班费用定额》(JTG/T 3833)相同或相近主机功率的拖轮台班单价计算,即船艇巡航艘班单价 = 不变费用 + 可变费用(人工费、燃料费、淡水费)。保障船艇类型根据专项设计确定,可参照表G.3.2-2中水域范围对应;保障船艇主机功率可参照表G.3.2-2中保障船艇类型确定;

表G.3.2-2　保障船艇规格确定方法

水域范围	保障船艇	
	类型	主机总功率(kW)
沿海航区	沿海(40m级)	2700
遮蔽航区	沿海(30m级)	2200
主要指内河A级航区	内河(30m级)	750
主要指内河B级航区	内河(20 m级)	400
主要指内河C级航区	内河(15 m级)	130

P_s——值守日艘班数,按 2.75 艘班/d 计;

A_s——船艇值守艘班单价(元),按巡航艘班可变费用中的人工费、10% 燃料费及淡水费计算,即船艇值守艘班单价 = 人工费 + 10% 燃料费 + 淡水费;

N_m——航行保障单日工作人员总数,为保障船艇单日工作人员和交管专台单日工作人员数量之和(人),根据专项设计确定。保障船艇单日工作人员可按每艘船每日 6 人计;交管专台单日工作人员可按每专台每日 6 人计;

A_m——航行保障工作人员人工单价(元),按现行《公路工程机械台班费用定额》(JTG/T 3833)中的船舶人工工日单价计算。

G.3.3 施工保障费指大型构件运输和安装等高风险施工作业过程中,对外部通航环境要求较高时,为防止外部因素对施工作业造成不利影响,需要专门投入船艇和设施设备进行现场警戒所发生的费用。如禁航区、封航、警戒等需要发生的导助航设施、船艇及人员等费用。施工保障工作内容由专项设计确定,施工保障费根据施工保障工作内容,按相关行业概算、预算编制规定以及配套定额计算各项费用。船艇巡航与值守艘班单价、施工保障工作人员人工单价按航行保障费计算方法计算。

G.4 管理经费

G.4.1 管理经费指通航安全保障实施单位为管理和组织保障工作所需的费用,包括办公费、会议费、差旅交通费、固定资产使用费、工具用具使用费、宣传宣贯费、审计费、调研和咨询费、保障方案编制费、管理人员工资以及其他管理性开支等。管理经费以临时设施设备费、现场保障费之和为基数,费率按 5% 计算。

G.5 税金

G.5.1 按国家税法规定计算相关税金。

G.6 通航安全保障费用计算方式

G.6.1 通航安全保障费用计算方式见表 G.6.1。

表 G.6.1 通航安全保障费用计算表

序号	项　目	说明及计算式
(一)	临时设施设备费	
	临时设施费	按本附录规定计算
	临时设备费	按本附录规定计算
(二)	现场保障费	
	航行保障费	按本附录规定计算

续上表

序号	项　　目	说明及计算式
	施工保障费	按本附录规定计算
(三)	管理经费	[(一)+(二)]×5%
(四)	税金	按国家税法规定计算相关税金
(五)	通航安全保障费	(一)+(二)+(三)+(四)

《公路工程建设项目概算预算编制办法》(JTG 3830—2018)

条 文 说 明

1 总则

1.0.6 当一个建设项目由几个设计(咨询)单位共同承担设计时,各设计(咨询)单位应对自己编制的概(预)算的质量负责。公路工程项目的设计概算或施工图预算造价文件分多段编制时,按累进制计算的工程建设其他费应以各段合计的定额建筑安装工程费为基数进行计算。

3 概算预算费用标准和计算方法

3.1 建筑安装工程费

定额建筑安装工程费是取费基数,包括定额直接费、定额设备购置费、措施费、企业管理费、规费、利润、税金和专项费用。

定额直接费是定额人工费、定额材料费、定额施工机械使用费之和,按工程量乘以现行《公路工程概算定额》(JTG/T 3831)或《公路工程预算定额》(JTG/T 3832—2018)附录四中的基价进行计算。

定额人工费是指按《公路工程预算定额》(JTG/T 3832—2018)附录四"定额人工、材料、设备单价表"和现行《公路工程机械台班费用定额》(JTG/T 3833)规定的人工工日基价计算的费用,即定额中人工消耗量乘以人工工日基价计算的费用。

定额材料费是指按《公路工程预算定额》(JTG/T 3832—2018)附录四"定额人工、材料、设备单价表"中规定的材料基价计算的费用,即定额中材料消耗量乘以材料基价计算的费用。

定额施工机械使用费是指按现行《公路工程机械台班费用定额》(JTG/T 3833)中规定的施工机械台班基价计算的费用,即定额中施工机械消耗量乘以施工机械台班基价计算的费用。

定额设备购置费均按《公路工程预算定额》(JTG/T 3832—2018)附录四"定额人工、材料、设备单价表"中规定的设备基价计算费用的40%,即设备数量乘以设备基价计算的费用的40%。

3.1.2 人工费、材料费相关说明如下:

(1)公路概(预)算定额人工为综合工日单价,不区分工种,即公路建设所有用工(例如小工、混凝土工、钢筋工、木工、起重工、张拉工、隧道掌子面开挖工、交通工程安装工、施工机械工等)都采用同一综合工日单价。

(2)综合工日单价已包括由个人交纳的社会保险费中的养老保险费、失业保险费、医疗保险费(生育保险除外)和住房公积金。

(3)综合工日单价不同于公路建设人工劳务市场价,其主要区别在于:

①工作时间不同。综合工日单价通常按每天工作8h,隧道按每天工作7h,潜水工按每天工作6h考虑;公路建设市场劳务用工每天工作时间普遍与综合工日有差异。

②企业应支出的"四险一金"不同。编制公路工程概(预)算时,由企业支付的社会保险费和住房公积金需单独计算,而公路建设人工劳务市场价一般已包含上述费用。

③其他费用计算不同。公路工程概(预)算的工人的冬、雨、夜施工的补助,工地转移、取暖补贴、主副食补贴、探亲路费等单独计算,而公路建设人工劳务市场价不再单独计算。

3.1.4 工程类别划分说明如下:

1 计算建筑安装工程费时,按工程类别计取措施费和企业管理费。

4 路面所有结构层工程包括隧道路面、桥面铺装工程。

5 隧道土建工程不含隧道的钢材及钢结构。

6 构造物Ⅰ中特殊路基处理不包含土石方和换填工程;安全设施不包括金属标志牌、防撞钢护栏、防眩板(网)、隔离栅、防护网等钢结构工程;机电工程不包括设备安装工程。

7 构造物Ⅱ中特大桥工程不包括技术复杂大桥工程。

10 所有工程指路基、路面、桥梁、涵洞、隧道、交通工程及沿线设施等。钢材及钢结构含钢筋及预应力钢材,钢沉井、钢围堰、钢套箱及钢护筒等基础工程,钢构件[含钢索塔、钢管拱、钢锚箱、钢锚梁、钢箱(桁)梁、索鞍、斜拉索、索股、索夹、吊杆、系杆]等安装工程,伸缩缝、支座、路基和隧道工程的锚杆、隧道管棚及钢支撑、金属标志牌、防撞钢护栏、防眩板(网)、隔离栅、防护网等。

3.1.6 措施费相关说明如下:

1 冬季施工增加费

冬季气温区的划分,根据气象部门提供的满15年的气温资料确定的。从每年秋冬第一次连续5d出现室外日平均温度在5℃以下、日最低温度在-3℃以下的第一天算起,至第二年春夏最后一次连续5d出现同样温度的最末一天为冬季期。冬季期内平均气温在 -1℃以上者为冬一区，-1 ~ -4℃者为冬二区，-4 ~ -7℃者为冬三区，-7 ~ -10℃者为冬四区，-10 ~ -14℃者为冬五区，-14℃以下者为冬六区。冬一区内平均气温低于0℃的连续天数在70d以内的为Ⅰ副区,70d以上的为Ⅱ副区;冬二区内平均气温低于0℃的连续天数在100d以内的为Ⅰ副区,100d以上的为Ⅱ副区。气温高于冬一区,但砖石混凝土工程施工需采取一定措施的地区为准冬季区。准冬季区分两个副区,简称准一区和准二区。凡一年内日最低气温在0℃以下的天数多于20d的,日平均气温在0℃以下的天数少于15d的为准一区,多于15d的为准二区。若当地气温资料与本办法附录D中划定的冬季气温区划分有较大出入时,可按当地气温资料及上述划分标准确定工程所在地的冬季气温区。

2 雨季施工增加费

雨量区和雨季期的划分,根据气象部门提供的满15年的降雨资料确定。凡月平均降雨天数在10d以上,月平均日降雨量在3.5 ~ 5mm之间者为Ⅰ区,月平均日降雨量在5mm以上者为Ⅱ区。若当地气象资料与本办法附录E所划定的雨量区及雨季期出入较大时,可按当地气象资料及上述划分标准确定工程所在地的雨量区及雨季期。

4 特殊地区施工增加费

风沙地区施工增加费中风沙地区的划分,根据《公路自然区划标准》(JTJ 003—86)、“沙漠地区公路建设成套技术研究报告”的公路自然区划和沙漠公路区划,结合风沙地区的气候状况将风沙地区分为三区九类:半干旱、半湿润沙地为风沙一区,干旱、极干旱寒冷沙漠地区为风沙二区,极干旱炎热沙漠地区为风沙三区;根据覆盖度(沙漠中植被、戈壁等覆盖程度)又将每区分为固定沙漠(覆盖度 >50%)、半固定沙漠(覆盖度10% ~50%)、流动沙漠(覆盖度 <10%)三类,覆盖度由工程勘察设计人员在公路工程勘察设计时确定。

3.1.8 规费

1 工伤保险费包括流动作业人员的工伤强制险。

3.1.11 专项费用

1 编制概算、预算时,施工场地建设费和安全生产费单独计列,分项工程费中不再计取。

2 施工场地建设费说明如下:

(1)山岭重丘区的土石方工程需要单独计算。

(2)施工场地内的场地硬化、各种临时便道已含在费率中,不单独计算。

(3)施工场地的厂房、加工棚等已含在费率中,不单独计算。

3.2 土地使用及拆迁补偿费

3.2.5 水土保持补偿指根据《中华人民共和国水土保持法》《财政部、国家发展改革委、水利部、中国人民银行关于印发〈水土保持补偿费征收使用管理办法〉的通知》等相关法律、法规的规定征收的水土保持补偿费。

3.3 工程建设其他费

3.3.1 本办法中的建设单位(业主)管理费、建设项目信息化费、工程监理费、设计文件审查费、竣(交)工验收试验检测费、建设项目前期工作费等的费率仅作为确定建设项目概算预算的依据,不作为项目实际支出的依据。

3.3.2 建设项目管理费相关说明如下:

1 建设单位(业主)管理费不包括应计入材料与设备预算价格的建设单位采购及保管材料与设备所需的费用。

1)代建费用在建设单位(业主)管理费中开支;审计费为建设单位(业主)内部审计所发生的费用,施工单位所发生的审计费在建安费的企业管理费中;

3)"双洞长度超过5000m的独立隧道,水深大于15m、跨径大于或等于400m的斜拉桥和跨径大于或等于800m的悬索桥等独立特大型桥梁工程"中的"独立隧道"和"独立特大型桥梁工程"是指按基本建设程序单独立项的项目,不包括路线项目中的隧道和桥梁。

3 工程监理费相关说明如下:

1)工程监理包括公路建设过程中的土建、机电、环保、水保、房建等所有监理内容。建设单位若委托有资质的单位承担试验检测、计量支付费用监理等,其费用应由工程监理费中支列。

3.3.4 建设项目前期工作费相关说明如下:

1)勘察包括测量、水文气象调查、工程地质勘探、室内试验等内容。

3.3.8 工程保通管理费仅为保通管理方面的费用,其他保通措施需要根据保通工程方案另行计算,例如保通便道、保通安全设施则需要根据设计方案单独计算。

3.3.9 工程保险费指工地范围内发生的保险,材料和设备运输保险不在其中,施工企业的办公、生活、施工机械、员工的人身意外险在企业管理费中支出。设备的保险在设备单价中计列。

交通运输部关于调整《公路工程建设项目投资估算编制办法》(JTG 3820—2018)和《公路工程建设项目概算预算编制办法》(JTG 3830—2018)中“税金”有关规定的公告

(交通运输部公告2019年第26号)

按照党中央、国务院关于深化增值税改革,推进增值税实质性减税决策部署,财政部、税务总局等有关部门决定将建筑业增值税税率由10%调整为9%。

为抓好公路行业的贯彻落实,现将《公路工程建设项目投资估算编制办法》(JTG 3820—2018)和《公路工程建设项目概算预算编制办法》(JTG 3830—2018)中3.1.10的“税金=(直接费+设备购置费+措施费+企业管理费+规费+利润)×10%”调整为:“税金=(直接费+设备购置费+措施费+企业管理费+规费+利润)×建筑业增值税税率”。3.6.1关于“税金”计算式相应调整。

今后涉及建筑业增值税税率调整的,均按国家最新规定及时调整,不再另行公告。

中华人民共和国交通运输部

2019年4月26日

全国公路工程建设项目人工费工日单价汇总表

<table>
<tr><th>省
(区、市)</th><th>地区类别</th><th>人工费现行标准
(元/工日)</th><th>批准文号</th><th>执行时间</th></tr>
<tr><td colspan="2">部颁全国</td><td>106.28</td><td>交通运输部 86 号文</td><td>2019.5.1</td></tr>
<tr><td>北京</td><td>全市</td><td>120 ~ 130</td><td>京路造价发〔2019〕5 号</td><td>2019.5.23</td></tr>
<tr><td>天津</td><td>全市</td><td>134.13</td><td>津交发〔2019〕137 号</td><td>2019.5.1</td></tr>
<tr><td>河北</td><td>全省</td><td>103</td><td>冀交基〔2019〕179 号</td><td>2019.4.24</td></tr>
<tr><td>山西</td><td>全省</td><td>100.80</td><td>晋交建管发〔2019〕282 号</td><td>2019.7.26</td></tr>
<tr><td rowspan="3">内蒙古</td><td>呼和浩特市、包头市、乌兰察布市、锡林郭勒盟、二连浩特市</td><td>102.50</td><td rowspan="3">内交发〔2019〕338 号</td><td rowspan="3">2019.5.1</td></tr>
<tr><td>呼伦贝尔市、满洲里市、兴安盟、通辽市、赤峰市</td><td>103.80</td></tr>
<tr><td>鄂尔多斯市、巴彦淖尔市、乌海市、阿拉善盟</td><td>104</td></tr>
<tr><td>辽宁</td><td>全省</td><td>105.08</td><td>辽交公水发〔2019〕183 号</td><td>2019.5.1</td></tr>
<tr><td>吉林</td><td>全省</td><td>105.49</td><td>吉交造价〔2019〕62 号</td><td>2019.5.1</td></tr>
<tr><td rowspan="13">黑龙江</td><td>哈尔滨市</td><td>100.54</td><td rowspan="13">黑交发〔2019〕90 号</td><td rowspan="13">2019.5.1</td></tr>
<tr><td>齐齐哈尔市</td><td>97.58</td></tr>
<tr><td>牡丹江市</td><td>98.67</td></tr>
<tr><td>佳木斯市</td><td>98.56</td></tr>
<tr><td>大庆市</td><td>100.89</td></tr>
<tr><td>伊春市</td><td>97.41</td></tr>
<tr><td>鸡西市</td><td>102.68</td></tr>
<tr><td>鹤岗市</td><td>104.41</td></tr>
<tr><td>双鸭山市</td><td>100.86</td></tr>
<tr><td>七台河市</td><td>99.93</td></tr>
<tr><td>绥化市</td><td>95.39</td></tr>
<tr><td>黑河市</td><td>101.29</td></tr>
<tr><td>大兴安岭地区</td><td>107.44</td></tr>
<tr><td>上海</td><td>全市</td><td>参照上海市建设工程造价信息平台发布的人工单价标准</td><td>沪建标定联〔2019〕317 号</td><td>2019.5.1</td></tr>
</table>

续上表

省(区、市)	地区类别	人工费现行标准(元/工日)	批准文号	执行时间
江苏	全省	128.17	苏交建〔2019〕22 号	2019.5.1
浙江	全省	127.66	浙交〔2019〕116 号	2019.8.1
安徽	全省	105.56	皖交建管函〔2019〕210 号	2019.6.21
福建	全省	112	闽交建〔2019〕31 号	2019.5.1
江西	高速公路、一级公路、独立特大桥、隧道工程、独立技术复杂大桥	108.02	赣交建管字〔2019〕23 号	2019.5.1
	二级公路、一般独立大桥	97.22		
	三级公路、四级公路、等外公路	86.42		
山东	全省	111.23	鲁交建管〔2019〕25 号	2019.5.1
河南	全省	108.85	豫交文〔2019〕274 号	2019.7.5
湖北	全省	110.07	鄂交建〔2019〕187 号	2019.5.1
湖南	全省	103.86	湘交基建〔2019〕74 号	2019.5.1
广东	深圳市	135.65	粤交基〔2019〕544 号	2019.6.20
	广州市	131.23		
	珠海市、佛山市、东莞市、中山市	126.56		
	惠州市、肇庆市、江门市、汕头市	120.66		
	汕尾市、河源市、清远市、云浮市、韶关市、阳江市、湛江市、梅州市、茂名市、揭阳市、潮州市	118.99		
广西	全区	101.25	桂交建管发〔2019〕39 号	2019.5.1
海南	全省	115	琼交规划〔2019〕387 号	2019.5.1
重庆	全市	101	渝交路〔2019〕29 号	2019.5.1
四川	Ⅰ类地区	101	川交函〔2019〕344 号	2019.5.1
	Ⅱ类地区	115		
	Ⅲ类地区	135		
贵州	全省	100.75	黔交建设〔2019〕65 号	2019.5.1
云南	一类工程(高速公路、一级公路建设项目)	101.54	云交建设〔2019〕34 号	2019.5.1
	二类工程(二级及以下公路建设项目)	90.18		
西藏	二类工程	174.48	藏交发〔2019〕300 号	2019.5.1
	三类工程	187.57		
	四类工程	202.05		
陕西	全省	105.89	陕交发〔2019〕93 号	2019.9.1
甘肃	全省	103.41	甘交建设〔2019〕2 号	2019.5.29

续上表

省(区、市)	地区类别		人工费现行标准(元/工日)	批准文号	执行时间
青海	西宁市、海东市		149	青交办建管〔2019〕184 号	2019.7.30
	海北州、海南州、海西州、黄南州		140		
	果洛州、玉树州		128		
宁夏	全区		104.50	宁交办发〔2019〕165 号	2019.5.1
新疆	二类	乌鲁木齐市等	133.67	新交综〔2019〕54 号	2019.5.16
	三类	奎屯市等	135.09		
		吐鲁番市等	140.79		
		温宿县等	143.41		
		玛纳斯县等	146.49		
		克拉玛依市	160.74		
	四类	新源县等	161.03		
		图木舒克市等	166.73		
	五类	和田市等	189.81		
		莎车县、若羌县	194.37		
	六类	阿合奇县等	261.06		
		叶城县	265.62		
		塔什库尔干县	281.58		

注:本表由人民交通出版社股份有限公司负责汇总整理。

全国公路工程建设项目规费费率汇总表

省（区、市）	规费合计	养老保险费	失业保险费	医疗保险费（含生育保险）	工伤保险费	住房公积金
北京	按北京市人力资源和社会保障局公布的费率执行					
天津	40.10%	16.00%	0.50%	10.50%（0.50%）	1.10%	12.00%
河北	34.20%	16.00%	0.70%	7.00%（0.50%）	0.50%	10.00%
山西	33.80%	16.00%	0.70%	7.50%（0.70%）	1.10%	8.50%
内蒙古	按内蒙古自治区现行规定执行					
辽宁	36.10%	36.10%				
吉林	32.40%	16.00%	0.70%	6.70%（0.70%）	1.00%	8.00%
黑龙江	33.50%	20.00%	1.00%	6.00%	1.50%	5.00%
上海	35.04%	16.00%	0.50%	10.50%（1.00%）	1.04%	7.00%
江苏	34.40%	16.00%	0.50%	6.80%（0.80%）	1.10%	10.00%
浙江	32.30%	14.00%	0.50%	8.00%	1.30%	8.50%
安徽	38.10%	38.10%（皖交基〔2008〕17号）				
福建	33.50%	16.00%	0.50%	8.50%	按规定单独计列	8.50%
江西	32.30%	16.00%	0.50%	6.50%	1.30%	8.00%
山东	35.90%	16.00%	0.70%	6.50%	0.70%	12.00%
河南	33.50%	16.00%	0.70%	7.30%	1.00%	8.50%
湖北	34.80%	16.00%	1.00%	8.50%	1.30%	8.00%
湖南	21.60%（不含养老保险费）	按国家相关规定	0.70%	8.70%	2.20%	10.00%
广东	30.65%	14.00%	0.80%	6.85%	0.50%	8.50%
广西	33.50%	16.00%	0.50%	7.50%	1.00%	8.50%
海南	31.50%	16.00%	0.50%	6.50%	0.50%	8.00%
重庆	36.60%	16.00%	0.50%	10.00%	1.60%	8.50%
四川	35.90%	16.00%	0.60%	9.00%	1.30%	9.00%
贵州	30.50%	16.00%	0.70%	7.50%	1.30%	5.00%
云南	35.45%	16.00%	0.70%	10.00%	0.75%	8.00%
西藏	37.15%	16.00%	0.50%	8.00%	0.65%	12.00%
陕西	33.36%	16.00%	0.70%	7.25%	0.91%	8.50%
甘肃	35.00%	16.00%	1.00%	10.00%	1.00%	7.00%

续上表

省（区、市）	规费合计	养老保险费	失业保险费	医疗保险费（含生育保险）	工伤保险费	住房公积金
青海	36.50%	16.00%	0.50%	6.50%	1.50%	12.00%
宁夏	36.20%	16.00%	0.50%	8.70%	2.50%	8.50%
新疆	34.80%	16.00%	0.50%	9.80%(0.80%)	0.50%	8.00%

注:本表由人民交通出版社股份有限公司负责汇总整理。

北京市道路工程造价定额管理站关于发布北京市公路工程建设项目人工费标准的通知

（京路造价发〔2019〕5 号）

各相关单位：

依据交通运输部关于发布《公路工程建设项目投资估算编制办法》《公路工程建设项目概算预算编制办法》及《公路工程估算指标》《公路工程概算定额》《公路工程预算定额》《公路工程机械台班费用定额》（以下简称“18 计价依据”）（2018 年第 86 号）公告，结合我市实际情况，经测算，北京市人工工日单价为 120 ~ 130 元/工日。

按照“18 计价依据”编制的新建、改（扩）建公路工程建设项目估、概预算造价文件应依据本标准执行。人工工日单价仅作为造价文件编制依据，不是施工企业工人日工资发放标准。

北京市道路工程造价定额管理站

2019 年 5 月 23 日

天津市交通运输委员会关于执行交通运输部《公路工程建设项目投资估算编制办法》、《公路工程建设项目估算概算预算编制办法》补充规定的通知

(津交发〔2019〕137 号)

各区公路主管部门、各公路管理单位、各公路建设单位:

根据交通运输部 2018 年第 86 号公告发布的《公路工程建设项目投资估算编制办法》(JTG 3820—2018)、《公路工程建设项目概算预算编制办法》(JTG 3830—2018)及《公路工程估算指标》(JTG/T 3821—2018)、《公路工程概算定额》(JTG/T 3832—2018)、《公路工程机械台班定额》(JTG/T 3833—2018),为了加强天津市公路工程造价管理,规范公路工程估算、概算、预算等造价文件的编制工作,结合天津市公路工程建设的实际情况,特制订如下补充规定,请遵照执行。

一、适用范围

本补充规定适用于天津市新建、改(扩)建公路工程建设项目造价文件的编制、管理工作。

二、执行时间及要求

(一)自 2019 年 5 月 1 日起,我市公路工程建设项目造价文件的编制均按交通运输部 2018 年的编制办法及配套定额执行。

(二)2019 年 5 月 1 日前已批复的工程可行性研究估算、初步设计概算和施工图预算不再调整,应执行原编制办法及配套定额。

(三)工程调整概算、设计变更预算等相关造价文件应与批复概算、预算时采用的编制办法、定额保持一致。

三、人工费、材料费

(一)人工费中的人工工日单价(含机械工)按 134.13 元/工日执行,该人工单价仅作为编制工程造价文件的依据,不作为施工企业实发工资的依据。

(二)人工工日单价、材料预算价格参照《天津市政公路工程造价信息》中公路工程指导价格计算。

四、措施费

措施费中天津地区不计取特殊地区施工增加费和工地转移费两项费用。

五、规费

（一）规费由养老保险费、失业保险费、医疗保险费（含生育保险费）、工伤保险费和住房公积金组成。

（二）规费以各类工程的人工费之和为基数按下表费率执行。今后按国家和本市最新有关规定及时调整执行。

规费费率表

规费名称	养老保险费	失业保险费	医疗保险费（含生育保险费）	工伤保险费	住房公积金	合计
费率（%）	16	0.5	10.5（0.5）	1.1	12	40.1

六、税金

税金按照交通运输部公告2019年第26号执行，现行建筑业增值税税率为9%。

七、其他

（一）本补充规定未作具体说明的内容，均按交通运输部2018年的编制办法执行。

（二）本补充规定由天津市公路工程定额管理站负责解释。

天津市交通运输委员会

2019年9月25日

河北省交通运输厅关于印发《河北省公路工程基本建设项目概算预算编制补充规定》的通知

(冀交基〔2019〕179 号)

各市(含定州、辛集市)交通运输局,厅公路局,省高管局,交投集团,省定额站:

为贯彻落实交通运输部《公路工程建设项目概预算编制办法》(交通运输部 2018 年第 86 号公告),进一步做好全省公路工程基本建设项目概算预算编制工作,结合我省实际,省厅制定了《河北省公路工程基本建设项目概算预算编制补充规定》,现印发给你们,请认真遵照执行。

河北省交通运输厅

2019 年 4 月 24 日

河北省公路工程建设项目概算预算编制办法补充规定

为贯彻落实交通运输部《公路工程建设项目概预算编制办法》(交通运输部2018年第86号公告,以下简称“部《编制办法》”),进一步做好全省公路工程基本建设项目概算预算编制工作,结合我省实际,现补充以下规定。

一、总则

(一)本规定适用于省内新建、改建公路工程基本建设项目的概算和预算的编制。公路养护大修工程、公路工程预可行性研究报告、工程可行性研究报告估算编制,可参照本规定执行。

(二)概算、预算的编制一律采用部《编制办法》规定格式、表格、计算程序和公式。

二、直接费

(一)人工费的工日标准全省统一执行103元/工日。

(二)材料费由省公路工程定额站定期调查公布公路材料价格信息,供有关单位编制概预算参考使用,运杂费计算应根据实际调查取定。

三、措施费

(一)沿海地区工程一般情况不计施工增加费,确有跨海构造物时,按部《编制办法》计列此项费用。

(二)新建工程不计行车干扰工程施工增加费,改建工程按部《编制办法》规定执行。若已计交通便道费用,不再计列此项费用。

四、企业管理费

为计算方便,平原微丘区综合里程统一按5公里计,山岭重丘区统一按10公里计。

五、规费

养老保险按16%,失业保险按0.7%,医疗保险按6.5%,住房公积金按10%,工伤保险按0.5%,生育保险按0.5%,以各类工程的人工费之和为基数计算费用。

六、税金

税金费率按现行国家规定执行。

本补充规定自发布之日起执行,已完成方案审查和造价文件编制的项目,按原交通运输部《公路工程建设项目概预算编制办法》执行。

2019 年 4 月 24 日

山西省交通运输厅关于印发《公路工程建设项目估算概算预算编制补充规定(试行)》的通知

(晋交建管发〔2019〕282号)

各有关单位:

为贯彻执行交通运输部《公路工程建设项目投资估算编制办法》(JTG 3820—2018)和《公路工程建设项目概算预算编制办法》(JTG 3830—2018),维护建设各方合法权益,指导我省新建、改(扩)建公路工程建设项目估算、概算、预算编制工作,结合公路建设实际,我厅组织制定了《公路工程建设项目估算概算预算编制补充规定(试行)》,经厅长办公会议审议并经省司法厅审核同意,现予印发,请遵照执行。

山西省交通运输厅

2019年7月26日

公路工程建设项目估算概算预算编制补充规定(试行)

为进一步规范我省公路工程建设项目估算、概算、预算编制和管理,合理确定和有效控制工程造价,根据交通运输部《公路工程建设项目投资估算编制办法》(JTG 3820—2018)和《公路工程基本项目概算预算编制办法》(JTG 3830—2018)及其配套定额(交通运输部 2018 年第 86 号公告)(以下简称"部新编办及定额")结合我省实际,制定补充规定如下:

一、总则

(一)本补充规定适用于本省新建、改(扩)建公路工程建设项目估算、概算、预算的编制和管理。

(二)公路管理、养护、服务房建工程的建筑安装工程费执行住房和城乡建设部及山西省住房和城乡建设厅发布的有关计价依据;工程建设其他费执行部新编办和本补充规定。

(三)概算、预算应进行概算与估算、预算与概算对比分析,说明投资变化情况及原因。

二、取费标准

(一)人工费:我省公路工程人工工日单价(含机械工)按 100.8 元/工日执行。人工工日单价仅作为编制估、概、预算的依据,不作为施工企业实发工资的依据。

(二)材料费:

①运杂费:汽车运输运价,按照表 1 计算。

汽车运输运价表　　表 1

全程运距(L)		L≤15km	L>15 每增运 1km
运价[元/(t·km)]	地方材料	8.0	0.45
	外购材料	18.3	
	沥青、爆破材料	26.7	

注:(1)运价中含装卸费;

(2)外购材料:除沥青、爆破材料之外的全部外购材料;

(3)沥青、爆破材料:指沥青、爆破材料(炸药、雷管、导火索等)。

②材料场外运输操作损耗:汽车运输按一次装卸计算。

(三)工地转移费:工地转移距离,高速公路、一级公路按 300km 计算,二级及以下等级公路及改(扩)建工程,按 100km 计算。

(四)规费:包括施工企业必须按规定缴纳的养老保险费、失业保险费、医疗保险费(含生育保险费)、住房公积金和工伤保险费,各项规费以各类工程的人工费之和为基数,按表 2 的费率计算。规费仅作为编制估算、概算、预算的依据,不作为企业实际缴纳的依据。

规费费率表(%) 表2

规费名称	养老保险费	失业保险费	医疗保险费	住房公积金	工伤保险费
费率	16	0.7	7.5	8.5	1.1

(五)主副食运费补贴综合里程:高速公路、一级公路按20km计算,二数及以下等级公路及改扩建工程,按15km计。

(六)税金:接国家规定的现行建筑业增值税税率计列。

(七)建设单位(业主)管理费:由现公路管养单位实施的改(扩)建工程,按部新编办规定费率的70%计列。

(八)研究试验费:应明确研究课题,并根据研究内容逐项编制需要列支的费用。

(九)拆迁管理费:按拆迁补偿费的2%计列。

三、其他

(一)执行时间和要求。

1.本补充规定发布前已开工建设的公路工程项目及已批准的估算、概算、预算不再进行调整,工程实施过程中发生的设计变更和调整概算(如有)应与原批准的计价标准一致。

2.自本补充规定发布后新建、改(扩)建公路工程项目,根据其前期工作的进展情况,分别按以下规定执行。

(1)本补充规定发布前已完成工可批复的项目,初步设计概算和施工图预算的编制应执行部新编办及定额。

(2)本补充规定发布前已完成初步设计文件批复的项目,施工图预算的编制应执行部新编办及定额。

(3)本补充规定发布之日起报审的项目,其估、概、预算编制均应执行部新编办及定额。

(二)公路养护工程仍执行原规定,待相关依据出台后从其规定。

(三)估算指标中的绿化工程部分按山西省地方标准《公路绿化工程估算指标》(DB14/T 1108—2015)执行,标准发生调整时,从其新规定。

(四)本补充规定自发布之日起实施;山西省交通运输厅《关于印发山西省公路工程基本建设项目概算预算补充规定的通知》(晋交建管发〔2013〕229号)、《关于印发山西省公路工程营业税改增值税计价依据调整方案的通知》(晋交建管发〔2016〕183号)同时废止。原省交通运输厅印发的其他有关工程造价规定的内容与本规定不一致的,按本规定执行。

(五)本补充规定的日常管理和解释工作由山西省交通运输厅负责。

2019年7月26日

内蒙古自治区交通运输厅关于执行交通运输部2018 年第 86 号公告的通知

(内交发〔2019〕338 号)

各盟市交通运输局、厅直有关单位:

根据交通运输部 2018 年第 86 号公告发布的《公路工程建设项目投资估算编制办法》(JTG 3820—2018)、《公路工程建设项目概算预算编制办法》(JTG 3830—2018)、《公路工程估算指标》(JTG/T 3821—2018)、《公路工程概算定额》(JTG/T 3831—2018)、《公路工程预算定额》(JTG/T 3832—2018)、《公路工程机械台班费用定额》(JTG/T 3833—2018)要求,结合我区实际,制定了《内蒙古自治区交通运输厅关于执行交通运输部〈公路工程建设项目投资估算、概算预算编制办法〉的补充规定》,现印发给你们,请遵照执行。凡在 2019 年 5 月 1 日后审批的项目,按新计价标准规定执行。

原发布的《内蒙古自治区关于执行交通部〈公路工程基本建设项目概算、预算编制办法〉的补充规定》(内交发〔2009〕42 号)同时废止。

附件:内蒙古自治区交通运输厅关于执行交通运输部公路工程建设项目投资估算、概算预算编制办法的补充规定

内蒙古自治区交通运输厅

2019 年 5 月 14 日

附件

内蒙古自治区交通运输厅关于执行交通运输部公路工程建设项目投资估算、概算预算编制办法的补充规定

为了认真贯彻执行交通运输部2018年第86号公告发布的《公路工程建设项目投资估算编制办法》(JTG 3820—2018)、《公路工程建设项目概算预算编制办法》(JTG 3830—2018)、《公路工程估算指标》(JGT/T 3821—2018)、《公路工程概算定额》(JTG/T 3831—2018)、《公路工程预算定额》(JTG/T 3832—2018)、《公路工程机械台班费用定额》(JTG/T 3833—2018)(以下简称"新办法"),结合我区实际,特制定本补充规定(以下简称"新规定")。自2019年5月1日起施行。

一、人工费

人工费单价的计算按"新办法"执行。

在编制估算、概算、预算时应按下表所列人工费单价执行。人工费单价仅作为编制估算、概算、预算的依据,不作为施工企业实发工资的依据,如一条路线跨越两个以上(含两个)不同人工单价的地区时,按各地通过的里程,用加权平均法计算全线的人工费单价。

内蒙古自治区各盟市人工费工日单价

地　　区	人工费(元/日)
呼和浩特市、包头市、乌兰察布市、锡林郭勒盟、二连浩特市	102.5
呼伦贝尔市、满洲里市、兴安盟、通辽市、赤峰市	103.8
鄂尔多斯市、巴彦淖尔市、乌海市、阿拉善盟	104.0

二、材料费

材料费按"新办法"执行。

主要材料原价按自治区公路工程定额站发布的信息价格,作为建设项目控制投资编制估算、概算、预算的依据,其他材料按实计算。

三、材料运费

材料运费按"新办法"计取。

(一)材料运价按下表执行:

运价计算仅作为建设项目控制投资编制估算、概算、预算的依据,不作为施工单位结算的依据。

内蒙古自治区公路主要建筑材料汽车运输运价表

运距 L		$L \leq 5$km	5km < $L \leq 15$km	15km < $L \leq 100$km	$L > 100$km
		1～5km	每增运1km		超出部分每增运1km
运价[元/(t·km)]	地方材料	6.0	0.6	0.45	0.35
	外购材料	13.0			
	沥青、燃料等	19.0			

说明:以上运价为含增值税价格,计算时按国家最新规定的税率进行计税。

公路建设市场施工企业在招投标及施工活动中,应执行内蒙古发改委和内蒙古交通厅联合发布的内发改费字〔2007〕2285号《关于认真做好疏导交通运输行业价格矛盾的通知》。

(二)装卸费按下表执行:

内蒙古自治区公路主要建筑材料汽车货物装卸费用表

货物类别	货物名称	装卸费用(元/吨)	
		呼和浩特市、包头市、乌兰察布市、巴彦淖尔市、鄂尔多斯市、乌海市	呼伦贝尔市、满洲里市、兴安盟、通辽市、赤峰市、锡林郭勒盟、二连浩特市、阿拉善盟
一类货物	砂、片石、砾石、卵石、各种土、青灰、炉渣、炉灰	3.5	4.40
二类货物	木材、袋装水泥及其制品、钢材、砖、瓦、块石、生石灰、原煤、块煤、粉煤灰	4.5	5.40
特种货物	沥青、汽油、柴油	7.00	7.5

说明:1. 本费用只对公路工程计价定价文件中主要建筑材料计取装卸费用时适用,不作为施工单位结算的依据。

2. 货物的重量按实际毛重计算,所有货物均折算成重量单位"吨"来计算,费用单位为"元/吨",尾数不足50kg的进到50kg。

3. 本费用均为人工、机械装卸的综合费用。

4. 本费用为含增值税价格,计算时按国家最新规定的税率进行计税。

四、规费

各项规费以各类工程的人工费之和为基数,按自治区现行规定执行。

2019年5月14日

辽宁省交通运输厅关于发布公路工程综合人工工日单价及有关补充规定的通知

（辽交公水发〔2019〕183 号）

各市交通运输局，省事业发展中心、事务服务中心，省交投集团：

根据交通运输部 2018 年第 86 号公告发布的《公路工程建设项目投资估算编制办法》（JTG 3820—2018）、《公路工程建设项目概算预算编制办法》（JTG 3830—2018）及《公路工程估算指标》（JTG/T 3821—2018）、《公路工程概算定额》（JTG/T 3831—2018）、《公路工程预算定额》（JTG/T 3832—2018）、《公路工程机械台班费用定额》（JTG/T 3833—2018）及有关文件要求，结合我省公路工程建设项目实际情况，省厅制定有关规定与上述标准配套使用，请遵照执行。

一、我省公路工程建设项目估算、概算、预算采用统一的综合人工工日单价 105.08 元/工日。综合人工工日单价仅作为估算、概算、预算编制依据，不作为施工企业实发工资依据，并将根据国家及我省人工工资政策变化适时调整。

二、我省公路工程建设项目建筑安装工程费规费以各类工程的人工费之和为基数，综合养老保险费、失业保险费、医疗保险费、工伤保险费、住房公积金的费率为 36.1%。该费率仅作为估算、概算、预算编制依据，不作为施工企业实际交纳依据，并将根据国家及我省相关政策变化适时调整。

三、自 2019 年 5 月 1 日起，我省公路工程建设项目估算、概算、预算均按该综合人工工日单价及有关补充规定执行。2019 年 5 月 1 日前已批复公路工程建设项目的估算、概算、预算不再调整。《关于调整我省公路建设项目概算和预算编制人工费单价的通知》（辽交建发〔2011〕159 号）和《辽宁省公路工程营业税改征增值税计价依据调整方案》（辽交造价发〔2016〕261 号）同时废止。

请各有关单位注意在实践中总结经验，及时将发现的问题和修改建议函告辽宁省交通运输事务服务中心造价服务部（地址：辽宁省沈阳市和平区十三纬路 18 甲 2 号，邮编：110003）。

辽宁省交通运输厅

2019 年 4 月 30 日

吉林省交通运输厅关于发布2019年公路工程建设项目估算概算预算编制办法补充规定的通知

(吉交造价〔2019〕162号)

各市(州)、长白山管委会交通运输局,公主岭市、梅河口市交通运输局,厅直有关单位:

根据交通运输部《公路工程建设项目投资估算编制办法》(JTG 3820—2018)、《公路工程建设项目概算预算编制办法》(JTG 3830—2018)及《公路工程估算指标》(JTG/T 3821—2018)、《公路工程概算定额》(JTG/T 3831—2018)、《公路工程预算定额》(JTG/T 3832—2018)、《公路工程机械台班费用定额》(JTG/T 3833—2018)规定,结合我省公路工程建设实际,现将有关补充规定通知如下:

一、人工工日单价

编制公路工程建设项目估算、概算、预算时,人工工日单价(含机械工)执行105.49元/工日。

编制公路养护工程预算时,在交通运输部新版《公路养护工程预算编制导则》颁布前,人工工日单价仍执行60.4元/工日。

人工工日单价仅作为编制公路工程建设项目估算、概算、预算的工日单价标准依据,不作为施工企业实发人工日工资的依据。

二、规费费率

各项规定费用以各类工程的人工费之和为基数,现行标准按下表费率计算。

规费费率表(%)

名称	养老保险费	失业保险费	医疗保险费	住房公积金	工伤保险费
费率	16	0.7	6.7	8	1

注:医疗保险费中含生育保险费0.7%。

以上规定费率均按国家及省相应政策调整执行,省厅不再另行发布。

三、税金税率

计入建筑安装工程造价的增值税销项税额的现行税率标准按9%计取。

税率标准按国家相应政策调整执行,省厅不再另行发布。

四、建设单位管理费

同一个建设项目分段编制估算、概算、预算时,应根据各建设单位所管辖的段落计取建设单位管理费。

五、概算预算项目标准

概算预算项目标准按我省《公路基本建设项目概算、预算(分项)编制标准化模板》执行(可在互联网+智能审核监督系统0431.hwcost.com中下载)。

本补充规定自2019年5月1日起施行。《吉林省公路基本建设工程概算、预算编制办法补充规定》(吉交发〔2008〕19号)、《2016年吉林省〈公路工程基本建设项目估算、概算预算编制办法〉补充规定》(吉交发〔2016〕33号)同时废止。

吉林省交通运输厅

2019年4月26日

黑龙江省交通运输厅关于印发贯彻执行交通运输部公路工程建设项目估算概算预算编制办法的补充规定的通知

(黑交发〔2019〕90号)

各市(地)交通运输局,省农垦总局交通运输局,厅直有关单位:

为贯彻执行交通运输部2018年第86号公告,结合我省公路工程建设实际,研究制定了《关于贯彻执行交通运输部公路工程建设项目估算概算预算编制办法的补充规定》(以下简称“补充规定”),现印发给你们,自2019年5月1日起施行。

原发布的《黑龙江省交通厅关于贯彻交通部〈公路基本建设工程概算、预算编制办法〉有关问题的补充规定》(黑交发〔2008〕40号)、《黑龙江省交通厅关于印发黑龙江省农村公路基本建设项目概算预算编制办法的通知》(黑交发〔2008〕132号),以及《黑龙江省交通运输厅关于调整我省公路工程概算、预算人工工日单价的通知》(黑交发〔2011〕57号)同时废止。

2019年5月1日之前已批准的按原编制办法及配套定额编制的投资估算、初步设计概算、施工图预算不再调整;2019年5月1日起编制或批复的投资估算、初步设计概算、施工图预算须采用本次交通运输部公告的编制办法及其配套定额。

本《补充规定》的管理权和解释权归黑龙江省交通运输厅,日常管理和解释工作由黑龙江省公路工程造价管理总站负责。

请各有关单位在实践中注意总结经验,若有修改意见,请函告黑龙江省公路工程造价管理总站(地址:哈尔滨市南岗区平公街2号,邮政编码:150008),以便修订时研用。

附件:关于贯彻执行交通运输部公路工程建设项目估算概算预算编制办法的补充规定

黑龙江省交通运输厅

2019年4月26日

附件

关于贯彻执行交通运输部公路工程建设项目估算概算预算编制办法的补充规定

一、我省各市(地)公路工程生产工人人工单价

根据《黑龙江省人民政府关于调整全省最低工资标准的通知》(黑政规〔2017〕30号)要求和交通运输部颁发的《公路工程建设项目概算预算编制办法》(JTG 3830—2018)等计价依据的有关规定,经过对我省公路建设劳动力市场价格调研及测算工作,调整我省公路工程建设项目估算、概算、预算人工工日单价如下:

黑龙江省各(市)地公路工程生产工人每工日人工费

序号	地　　区	单　　位	单　　价
1	哈尔滨市	元/工日	100.54
2	齐齐哈尔市		97.58
3	牡丹江市		98.67
4	佳木斯市		98.56
5	大庆市		100.89
6	伊春市		97.41
7	鸡西市		102.68
8	鹤岗市		104.41
9	双鸭山市		100.86
10	七台河市		99.93
11	绥化市		95.39
12	黑河市		101.29
13	大兴安岭地区		107.44

在编制我省公路工程建设项目估算、概算、预算时人工费单价按上表所列执行,一条路线通过不同行政区域时,应分别计取人工费单价或按路线长度加权计算人工费单价。人工费单价仅作为编制估算、概算、预算的依据,不作为施工企业实发工资的依据。

二、铁路运输运杂费

1. 铁路货物运输按国家发展改革委员会发布的发改价格〔2017〕2163号文《关于深化铁路货运价格市场化改革等有关问题的通知》的规定执行。

2. 铁路货物装卸费(铁路站内)按铁道部铁运〔2005〕5号文《铁道部关于修订并重新公布〈铁路货物装卸作业计费办法〉的通知》的规定执行。

三、关于车船税

车船税按照《黑龙江省车船税实施办法》(黑政发〔2011〕100号)规定车船税的计税标准

与方法执行。

四、措施费

1. 我省不计高原地区施工增加费、沿海地区工程施工增加费。

2. 风沙地区施工增加费。

当公路工程位于嫩江沙地时计取此项费用,其他地区不计取。项目所在地的覆盖度由工程勘察设计单位在公路工程勘察设计时确定。

五、规费

各项规费以各类工程的人工费之和为基数,按以下标准计算:

(1)养老保险费　　20.0%

(2)失业保险费　　1.0%

(3)医疗保险费　　6.0%

(4)住房公积金　　5.0%

(5)工伤保险费　　1.5%

六、其他

《补充规定》中的各种费用及费率标准为现行规定标准,在《补充规定》使用期,如国家相关部委或我省发布新的标准及其他规定以最新规定为准。

上海市住房和城乡建设管理委员会 上海市交通委员会关于发布《上海市公路工程建设项目估算概算预算编制办法补充规定》的通知

（沪建标定联〔2019〕317 号）

各有关单位：

根据交通运输部发布的《公路工程建设项目投资估算编制办法》（JTG 3820—2018）、《公路工程建设项目概算预算编制办法》（JTG 3830—2018）及《公路工程估算指标》（JTG/T 3821—2018）、《公路工程概算定额》（JTG/T 3831—2018）、《公路工程预算定额》（JTG/T 3832—2018）、《公路工程机械台班费用定额》（JTG/T 3833—2018）（交通运输部 2018 年第 86 号公告），结合本市公路工程建设的实际情况，特制定如下补充规定，请遵照执行。

一、2019 年 5 月 1 日前已批准的公路工程建设项目造价文件不再进行调整。5 月 1 日后编制上报的造价文件按 2018 编制办法及配套定额执行。

二、原发布的《上海市公路工程营业税改征增值税计价依据调整的补充规定》（沪建标定联〔2016〕431 号）、《上海市公路基本建设工程投资估算编制补充规定（试行）》（沪建交〔2012〕772 号）和《上海市公路基本建设工程概算、预算编制办法补充规定》（沪市政计〔2008〕第 597 号）同时废止。

三、直接费中的人工工日单价、材料预算价格和施工机械使用费参照本市建设工程造价信息平台发布的公路价格信息计算。

四、措施费中，上海地区一般不计特殊地区施工增加费，确有跨海结构工程时，可按部编制办法计列沿海地区工程施工增加费；不计施工辅助费；不计工地转移费。

五、规费包括企业必须缴纳的养老保险费、失业保险费、医疗保险费（含生育保险费）、工伤保险费和住房公积金，均以各类工程的人工费之和为基数，现行规费取费标准见下表。今后按国家和本市有关部门发布的最新费率及时调整。

养老保险费	16%
失业保险费	0.5%
医疗保险费（含生育保险费）	10.5%（1%）
住房公积金	7%
工伤保险费	1.04%
合计	35.04%

六、税金按交通运输部关于调整《公路工程建设项目投资估算编制办法》(JTG 3820—2018)和《公路工程建设项目概算预算编制办法》(JTG 3830—2018)中"税金"有关规定的公告(交通运输部2019年第26号公告)执行。现行建筑业增值税税率为9%,今后按国家最新有关规定及时调整执行。

七、本通知未作具体说明的计算规则、相关费率、其他事项等均按交通运输部2018编制办法及配套定额编制执行。

特此通知。

上海市住房和城乡建设管理委员会
上海市交通委员会
2019年5月29日

江苏省交通运输厅关于执行交通运输部第 86 号公告有关补充规定的通知

(苏交建〔2019〕22 号)

各设区市交通运输局,昆山、泰兴、沭阳交通运输局,省交通综合执法局、省交建局,厅公路中心、厅港航中心,江苏交通控股有限公司,各有关单位:

根据交通运输部 2018 年第 86 号公告发布的《公路工程建设项目投资估算编制办法》(JTG 3820—2018)、《公路工程建设项目概算预算编制办法》(JTG 3830—2018)及《公路工程估算指标》(JTG/T 3821—2018)、《公路工程概算定额》(JTG/T 3831—2018)、《公路工程预算定额》(JTG/T 3832—2018)、《公路工程机械台班定额》(JTG/T 3833—2018)(以下统一简称为"《新编制办法及其定额》)的要求,结合我省实际,现将我省有关补充规定通知如下,请遵照执行。

一、自 2019 年 5 月 1 日起,我省新建、改(扩)建公路工程建设项目的估算、概算、预算编制均应执行《新编制办法及其定额》。在此之前已批复的工程可行性研究估算、初步设计概算和施工图预算不再调整。

二、2019 年 5 月 1 日前工程可行性研究估算、初步设计概算已通过审查的公路工程建设项目的估算、概算执行原编制办法及其定额。

三、调整概算、建设期内设计变更预算原则上与批复概算、预算采用的编办、定额保持一致。

四、《新编制办法及其定额》中人工(含机械工)工日单价为 128.17 元/工日。人工工日单价仅作为估算、概算、预算编制的依据,不作为施工企业实发工资的依据。

五、结合国家及我省相关文件规定,《新编制办法及其定额》中规费费率为 34.4%,其中:养老保险费率为 16%,失业保险费率为 0.5%,医疗保险费率为 6.8%(含生育保险费率为 0.8%),公积金费率为 10%,工伤保险费率为 1.1%。

六、税金按照交通运输部 2019 年第 26 号公告执行。

七、我省绿化工程估算指标暂按《江苏省公路工程绿化估算指标》(苏交质〔2012〕41 号)文件执行。

八、安全生产费按建筑安装工程费乘以安全生产费费率计算,按照江苏省安全生产委员会发布的《省安委会关于以更高标准更严措施管控交通运输领域重大安全风险的通知》(苏安〔2019〕14 号)的文件要求:主线桥路比超过 20%,含高墩、悬浇、支架现浇的一般路基建设项目和一般隧道建设项目,安全生产费费率为 1.6%;过江通道、高速公路改扩建和长度大于 3000 米隧道建设项目,安全生产费费率为 1.8%;除以上规定外的公路建设项目的安全生产费费率按照《新编制办法及其定额》执行。

附件:1. 交通运输部2018年第86号公告(略)

2. 交通运输部2019年第26号公告(略)

江苏省交通运输厅

2019年6月5日

浙江省交通运输厅转发交通运输部 2018年86号公告的通知

（浙交〔2019〕116号）

各市交通运输局，义乌市交通运输局：

现将交通运输部2018年第86号公告转发给你们，请结合以下要求一并遵照执行。

一、执行时间和要求

2019年5月1日前已批复（备案）或者已报审的公路建设项目，其相应的投资估算、概算、预算不再调整；2019年5月1日后上报的公路建设项目，其相应的投资估算、概算、预算应执行新的编制办法和计价依据。

已处于建设期的公路建设项目，其设计变更及调整概算可执行批复时采用的编制办法和计价依据。

由于需要对公路造价计算软件进行修改调整等原因，可执行3个月的过渡期，2019年7月底前允许按原编制办法和原定额编制概预算等造价，自2019年8月1日起一律执行新编制办法和新定额。

二、费用标准和计算方法

（一）直接费

1.人工费

我省新建和改（扩）建的公路建设项目，编制估算、概算、预算的人工费（含机械工）按127.66元/工日的标准计取。今后将根据我省人工工资政策的变化适时调整并在价格信息上动态发布。

人工费单价仅作为编制投资估算、概算和预算的依据，不作为施工企业实发工资的依据。

2.材料费

材料费按工程所在地的材料价格计算。材料预算价格由材料原价、运杂费、场外运输损耗，采购及仓库保管费组成。

外购材料的原价应按实际调查的市场价格确定，必要时可参照当地发布的材料信息价并结合实际运距进行综合取定。

3.施工机械使用费

施工机械台班预算价格应按交通运输部公布的《公路工程机械台班费用定额》（JTG/T 3833—2018）计算。其中，不变费用按定额规定费用计算，可变费用中的台班人工费工日单价采用本补充规定，动力燃料费用按材料费的计算规定计算，车船使用税按我省的有关规定计算。

(二)沿海地区施工增加费

我省具体适用的地区范围为杭州、宁波、温州、嘉兴、绍兴、舟山、台州等7市,具体适用的工程范围为沿海地区施工受海风、海浪和潮汐影响而致使人工、机械效率降低的工程项目,相应的费用按编制办法规定的基数和费率计算。

(三)规费

规费包括施工企业必须缴纳的养老保险费、失业保险费、医疗保险费(含生育保险费)、工伤保险费和住房公积金,均以各类工程的人工费之和为基数,费率标准按下表计算。规费费率只作为编制估算概算预算的依据,不作为施工企业实际缴纳费用的依据。今后将根据我省相关政策的变化适时调整并发布。

规费费率表(%) 表1

规费名称	养老保险费	失业保险费	医疗保险费(含生育保险)	工伤保险费	住房公积金
规费费率	14	0.5	8	1.3	8.5

(四)税金

按照交通运输部2019年第26号公告执行。

(五)土地使用及拆迁补偿费

土地使用及拆迁补偿费中的各项费用内容计算标准统一按浙江省人民政府颁布的有关规定和标准计算,浙江省人民政府未颁布有关规定和标准的费用内容,可按项目所在地设区市人民政府颁布的有关规定和标准计算,省、设区市人民政府均未颁布有关规定和标准的费用内容,可按项目所在地县(市、区)人民政府统一颁布的有关规定和标准计算。

土地使用及拆迁补偿费标准必须以县级以上人民政府正式发布的区域统筹的文件为准,对于以会议纪要等形式或专门针对项目提高标准的文件不予认可。对于地方自行制定的土地使用及拆迁补偿额外费项内容或规定标准外额外提高标准的不予认可。

(六)竣(交)工验收试验检测费

竣(交)工验收试验检测费可结合工程实际及验收需要,对我省增设的施工过程中间检测、工程外观总体检查以及增加的相关检测内容和频率所发生的费用,可据实原则按相关标准额外计列费用。

三、其他事项

(一)本补充规定未作具体说明的其他费用项目及其计算标准,均按交通运输部新编制办法的规定计列和计算。

(二)交通运输部和我厅所作的上述投资估算、概算和预算编制规定,作为编制工程造价文件以及合理确定和控制投资的依据,不作为业主与承包人办理工程结算的依据。

(三)原省交通厅印发的《浙江省公路工程概算预算编制补充规定》(浙交〔2008〕85号),省交通运输厅印发的《浙江省公路工程估算编制补充规定》(浙交〔2012〕128号)、《关于调整我省公路工程概算预算编制人工费单价的通知》(浙交〔2012〕88号)、《关于地方水利建设基金暂停征收后调整我省公路水运工程造价税金税率的通知》(浙交〔2017〕4号)和省交通运输厅办公室印发的《转发交通运输部办公厅〈关于印发公路工程营业税改征增值税计价依据调整方案〉的通知》(浙交办〔2016〕113号)同时废止。

(四)请各有关单位在实践中注意总结经验。将发现的问题和意见及时函告浙江省交通工程管理中心(地址:浙江省杭州市拱墅区湖墅南路186－1号美达丽阳国际商务中心15楼),联系人:陈亮,电话:0571-83789622。

附件:交通运输部2019年第26号公告(略)

浙江省交通运输厅

2019年6月17日

安徽省交通运输厅关于调整安徽省公路工程人工费标准的通知

(皖交建管函〔2019〕210 号)

各市(广德、宿松县)交通运输局,省公路管理服务中心、省交通建设工程质量监督局,省交通控股集团有限公司及其他高速公路建设管理单位:

根据交通运输部公告(2018 年第 86 号)发布施行的《公路工程建设项目投资估算编制办法》(JTG 3820—2018)、《公路工程建设项目概算预算编制办法》(JTG 3830—2018)、《公路工程估算指标》(JTG/T 3821—2018)、《公路工程概算定额》(JTG/T 3831—2018)、《公路工程预算定额》(JTG/T 3832—2018)《公路工程机械台班费用定额》(JTG/T 3833—2018),结合我省实际情况,经厅长办公会研究同意,决定调整我省公路工程人工费标准,现将有关事项通知如下:

一、我省新建和改(扩)建公路工程建设项目人工费标准由 61.2 元/工日调整为 105.56 元/工日。

二、本标准施行前已批复的工程可行性研究估算、初步设计概算和施工图预算等造价文件,仍执行原规定,不做调整。项目实施过程中发生的设计变更和概算调整应与原批复采用的规定保持一致。

三、人工费标准仅作为编制估算、概算、预算的依据,不作为施工企业实发工资的依据。

四、公路养护工程的人工费标准可参照执行。

五、本标准自发布之日起施行,安徽省交通运输厅《关于调整安徽省公路工程人工费单价标准的通知》(皖交建管函〔2014〕524 号)同时废止。

安徽省交通运输厅

2019 年 6 月 21 日

福建省交通运输厅关于印发《福建省公路工程建设项目估算概算预算编制补充规定》的通知

（闽交建〔2019〕31 号）

各设区市（区）交通局、省高速集团、省公路局、省交通造价站：

为加强我省公路工程建设项目的造价管理，统一全省公路工程建设项目估算、概算、预算编制原则，根据交通运输部公告（第 86 号）颁布实施的《公路工程建设项目估算编制办法》（JTG 3820—2018）、《公路工程建设项目概算预算编制办法》（JTG 3830—2018）、《公路工程估算指标》（JTG/T 3821—2018）、《公路工程概算定额》（JTG/T 3831—2018）、《公路工程预算定额》（JTG/T 3832—2018）、《公路工程机械台班费用定额》（JTG/T 3833—2018），结合我省实际，厅组织制定《福建省公路工程建设项目估算概算预算编制补充规定》，现予印发执行。

各单位执行过程中有关意见建议反馈省交通造价管理站，联系电话：0591-87077836。

福建省交通运输厅

2019 年 5 月 7 日

福建省公路工程建设项目估算概算预算编制办法补充规定

为加强我省公路工程建设项目的造价管理,统一全省公路工程建设项目估算、概算、预算编制原则,根据交通运输部公告(第 86 号)颁布实施的《公路工程建设项目估算编制办法》(JTG 3820—2018)、《公路工程建设项目概算预算编制办法》(JTG 3830—2018)(以下统称"新编制办法")、《公路工程估算指标》(JTG/T 3821—2018)、《公路工程概算定额》(JTG/T 3831—2018)、《公路工程预算定额》(JTG/T 3832—2018)、《公路工程机械台班费用定额》(JTG/T 3833—2018),结合我省实际,特制定以下补充规定。

一、总则

(一)本规定适用于我省新建和改(扩)建公路工程建设项目的估算、概算和预算的编制。

(二)从事公路工程建设项目估算、概算、预算编制的人员应当具备相应的专业技术技能,从业行为执行交通运输部等部委关于造价工程师职业资格制度相关规定,并对其编制的造价文件质量和真实性负责。

(三)公路工程建设项目各阶段造价文件应包含造价分析报告,造价分析报告的内容、格式等具体要求按我省有关规定执行。

(四)在部颁指标、定额基础上,结合我省实际编制发布的公路工程补充性指标、定额等造价依据应优先引用,省交通造价管理机构负责对本省公路工程补充性造价依据进行修订和解释等工作。

二、执行时间和要求

(一)从 2019 年 5 月 1 日起报审的公路工程建设项目(可行性报告、初步设计、施工图设计),其估算、概算、预算编制均应执行新编制办法及其配套指标、定额。调整概算、设计变更预算原则上与原批复概算、预算采用的编办、定额保持一致。

(二)2019 年 5 月 1 日前已报审的公路工程建设项目(可行性报告、初步设计、施工图设计),其估算、概算、预算执行原编制办法及其配套指标、定额。

三、我省人工费标准

我省人工费(含机械工)单价按下表标准执行。

适 用 范 围	人工费(元/工日)	备　　注
全省	112	含机械工
船 员	119	
潜水员	市场单价	

备注:潜水员市场单价以当地市场潜水员劳务日工资按每工日6小时反算后计列。

人工费单价仅作为编制估算、概算、预算的依据,不作为施工企业实发工资的依据。

四、费率标准

(一)特殊地区施工增加费

我省不计高原地区施工增加费和风沙地区施工增加费;沿海地区工程施工增加费仅计列沿海地区施工受海风、海浪和潮汐影响的工程项目,适用范围主要为跨海大桥。有关河口地区河海分界规定如下:

1. 赛江:福安市赛岐大桥以下。
2. 闽江:南港,福州市乌龙江大桥以下。
　　北港,福州市解放大桥以下。
3. 木兰溪:莆田市三江口大桥以下。
4. 晋江:泉州市后渚大桥以下。
5. 九龙江:龙海市锦江大桥以下。

(二)规费

规费包括企业必须缴纳的养老保险费、失业保险费、医疗保险费(含生育保险费)和住房公积金,均以各类工程的人工费之和为基数,按下表费率标准计算。

规 费 名 称	养老保险费	失业保险费	医疗保险费 (含生育保险)	住房公积金
规费费率(%)	16	0.5	8.5	8.5

工伤保险费在估算、概算、预算文件末尾新增费用栏列支,按照项目总造价的千分之一点五单独计列,规费中相应的工伤保险费费率取零。规费费率只作为编制公路工程估算、概算、预算的依据,不作为施工企业实际交纳费用的依据。

以上各项规费费率应根据我省相关部门文件规定适时动态调整。

五、利润和税金

利润按新编制办法规定执行,税金按造价文件编制时国家相关部门的税法规定执行。

六、土地使用及拆迁补偿费

(一)土地使用及拆迁补偿费中永久占地、临时占地、拆迁补偿等费用的计列应依据项目所在县(区)级及以上人民政府出台的项目征迁补偿标准文件执行,项目批复前县(区)级及以上人民政府未出台相关征迁补偿标准的可参考本地区近期同类公路项目征迁补偿标准计列。

(二)对项目中涉及军事设施、压覆矿产、企事业单位、文物古迹、中型发电站、3.5万伏及以上变电站、11 万伏及以上的高压线路搬迁等并被列为征地拆迁个案的,项目建议书和工程可行性研究可参考其他类似项目计列费用,初步设计和施工图设计阶段原则上应开展个案评估工作。

(三)公路建设项目发生跨省域补充耕地国家统筹的,应执行《国务院办公厅关于印发跨省域补充耕地国家统筹管理办法和城乡建设用地增减挂钩节余指标跨省域调剂管理办法的通知》(国办发〔2018〕16 号)的规定,本省内跨区域补充耕地的,按照有关文件或协议计列费用。

七、绿化工程估算指标

绿化工程估算指标采用费用指标的形式。包含的工程内容主要指公路沿线除上下边坡植草防护以外的绿化工程,具体指标如下:

高速公路绿化工程 50 万元/公里;

一级公路绿化工程 40 万元/公里;

二级公路绿化工程 20 万元/公里;

三级及以下公路绿化工程费用综合在估算指标中,不另行计列。

八、建设期贷款利息

建设期贷款利息按相关政策规定执行,PPP 等使用社会资金的公路建设项目按实计列。

九、其他

(一)国务院、省、设区市人民政府及其组成部门规定的其他与公路建设相关的费用,按其规定计算后计列费用。

(二)本补充规定未作具体说明的其他费用项目及其计算标准,均按新编制办法及其配套指标、定额规定计列。如政策性调整等对工程造价影响较大时,对确需调整的费用及其计算标准,由省交通造价管理部门结合我省实际情况进行重新测定,经省交通主管部门批准后,另行公布执行。

(三)本补充规定自 2019 年 5 月 1 日起施行,原省交通运输厅印发的《福建省交通厅关于印发福建省公路工程基本建设项目概算预算编制补充规定的通知》(闽交建〔2008〕91 号)、《福建省交通运输厅关于印发福建省公路工程基本建设项目投资估算编制办法补充规定的通知》(闽交建〔2012〕53 号)、《福建省交通运输厅关于发布福建省公路隧道工程补充概、预算及公路工程‘四新’项目预算补充定额的通知》(闽交建〔2013〕122 号)同时废止。省交通运输主管部门负责对本规定进行最终解释,条文释疑及日常管理工作由省交通造价管理机构负责。

福建省交通运输厅

2019 年 5 月 7 日

江西省交通运输厅关于印发《〈公路工程基本建设项目估算、概算、预算编制办法〉江西省补充规定》的通知

（赣交建管字〔2019〕23号）

为加强我省公路工程建设工程的造价管理，统一全省公路工程建设项目估算、概算、预算编制原则，根据交通运输部《关于发布〈公路工程建设项目投资估算编制办法〉〈公路工程建设项目概算预算编制办法〉及〈公路工程估算指标〉〈公路工程概算定额〉〈公路工程预算定额〉〈公路工程机械台班费用定额〉的公告》（2018年第86号，以下简称“18编办及其配套定额指标”）精神，结合我省实际，特制定如下补充规定：

一、总则

1. 本补充规定适用于省内新建和改（扩）建公路工程建设项目的估算、概算、预算的编制，公路养护大、中修工程原则执行《江西省公路养护工程预算编制办法》《江西省公路养护工程预算定额》及《江西省公路养护工程机械台班费用定额》，缺项部分可参照本补充规定执行。

2. 公路工程基本建设项目的估算、概算、预算应由具有相应资质的设计、工程（造价）咨询单位负责编制。编制、审核人员必须持有公路工程造价人员执业资格证书，并对工程造价文件的编制质量负责。

二、执行时间和要求

1. 2019年5月1日起我省所有公路工程建设项目估算、概算和预算（含调概预算）编制均应执行新编制办法和本补充规定。

2. 2019年5月1日前完成的估算且已批复的工程项目，其概预算按新的补充规定执行；2019年5月1日前完成的初步设计文件编制且已批复的工程项目，其施工图预算执行新补充规定；2019年5月1日前完成招投标或完成施工图预算批复的工程项目，其设计变更施工图预算仍执行原补充规定。

3. 自2019年5月1日起，原补充规定（赣交基建字〔2012〕130号）同时废止。

三、人工费单价

我省公路工程生产工人人工费单价和项目类别或公路等级与取费等级对应关系见表1。

人工费单价仅作为编制工程造价的依据，不作为施工企业实发工资的依据，今后根据国家人工工资政策的变化情况及时测算和发布。

江西省公路工程生产工人人工费单价表 表1

项目类别或公路等级	高速公路、一级公路、独立特大桥、隧道工程、独立技术复杂大桥	二级公路、一般独立大桥	三级公路、四级公路、等外公路
取费等级	一级	二级	三级
人工费单价（元/工日）	108.02	97.22	86.42

四、各项费率

1. 冬季施工增加费除南昌、萍乡、景德镇、九江、新余、上饶、抚州和宜春按“18编办及其配套定额指标”规定的准一区费率计算外，其他地区均不计取；雨季施工增加费除南昌、九江、吉安按“18编办及其配套定额指标”规定的Ⅱ区6个月费率计算外，其他地区均按Ⅱ区7个月费率计算；夜间施工增加费按“18编办及其配套定额指标”规定的费率计算；不计取特殊地区施工增加费；行车干扰施工增加费按“18编办及其配套定额指标”规定的费率计算。

2. 施工辅助费：一级取费按“18编办及其配套定额指标”规定的费率计算，二、三级取费按表2的费率计算。

施工辅助费费率表（%） 表2

工程类别	二级取费	三级取费	工程类别	二级取费	三级取费
土方	0.469	0.417	构造物Ⅰ	1.081	0.961
石方	0.423	0.376	构造物Ⅱ	1.383	1.230
运输	0.139	0.123	构造物Ⅲ	2.456	2.183
路面	0.736	0.654	技术复杂大桥	1.509	1.342
隧道	1.076	0.956	钢材及钢结构	0.508	0.451

3. 工地转移费：一级取费按“18编办及其配套定额指标”规定的费率计算，二、三级取费按表3的费率计算。

工地转移费费率表（%） 表3

工程类别	二级取费					三级取费				
	工地转移距离（km）									
	50	100	300	500	1000	50	100	300	500	1000
土方	0.202	0.271	0.423	0.553	0.734	0.179	0.241	0.376	0.491	0.652
石方	0.158	0.191	0.327	0.428	0.565	0.141	0.170	0.290	0.381	0.502
运输	0.141	0.183	0.284	0.374	0.489	0.126	0.162	0.252	0.333	0.434
路面	0.289	0.392	0.614	0.802	1.072	0.257	0.348	0.546	0.713	0.953
隧道	0.231	0.316	0.494	0.645	0.863	0.206	0.281	0.439	0.574	0.767
构造物Ⅰ	0.236	0.316	0.497	0.648	0.867	0.210	0.281	0.442	0.576	0.770
构造物Ⅱ	0.300	0.404	0.635	0.831	1.112	0.266	0.359	0.565	0.738	0.989
构造物Ⅲ	0.560	0.757	1.184	1.548	2.074	0.498	0.673	1.053	1.376	1.843
技术复杂大桥	0.350	0.471	0.736	0.960	1.287	0.311	0.418	0.654	0.854	1.144
钢材及钢结构	0.316	0.426	0.663	0.865	1.159	0.281	0.378	0.590	0.769	1.030

4. 企业管理费基本费用：一级取费按“18 编办及其配套定额指标”规定的费率计算，二、三级取费按表 4 的费率计算。

企业管理费基本费用费率表（%） 表 4

工程类别	二级取费	三级取费	工程类别	二级取费	三级取费
土方	2.472	2.198	构造物Ⅰ	3.228	2.870
石方	2.513	2.234	构造物Ⅱ	4.253	3.781
运输	1.237	1.099	构造物Ⅲ	5.378	4.781
路面	2.184	1.942	技术复杂大桥	3.729	3.314
隧道	3.212	2.855	钢材及钢结构	2.018	1.794

5. 主副食运费补贴：一级取费按“18 编办及其配套定额指标”规定的费率计算，二、三级取费按表 5 的费率计算。

主副食运费补贴费率表（%） 表 5

工程类别	二级取费					三级取费				
	工地转移距离（km）									
	3	5	8	10	15	3	5	8	10	15
土方	0.110	0.118	0.148	0.172	0.212	0.098	0.105	0.131	0.153	0.188
石方	0.097	0.105	0.134	0.158	0.196	0.086	0.094	0.119	0.140	0.174
运输	0.106	0.117	0.149	0.173	0.210	0.094	0.104	0.133	0.154	0.186
路面	0.059	0.079	0.107	0.117	0.149	0.053	0.070	0.095	0.104	0.132
隧道	0.086	0.094	0.117	0.137	0.167	0.077	0.083	0.104	0.122	0.148
构造物Ⅰ	0.103	0.108	0.131	0.150	0.186	0.091	0.096	0.116	0.134	0.166
构造物Ⅱ	0.113	0.126	0.151	0.176	0.218	0.101	0.112	0.134	0.157	0.194
构造物Ⅲ	0.203	0.223	0.273	0.317	0.392	0.180	0.198	0.242	0.282	0.348
技术复杂大桥	0.091	0.104	0.129	0.149	0.185	0.081	0.092	0.114	0.132	0.164
钢材及钢结构	0.094	0.102	0.131	0.151	0.186	0.083	0.090	0.117	0.134	0.166

6. 职工探亲路费：一级取费按“18 编办及其配套定额指标”规定的费率计算，二、三级取费按表 6 的费率计算。

职工探亲路费费率表（%） 表 6

工程类别	二级取费	三级取费	工程类别	二级取费	三级取费
土方	0.173	0.154	构造物Ⅰ	0.247	0.219
石方	0.184	0.163	构造物Ⅱ	0.313	0.278
运输	0.119	0.106	构造物Ⅲ	0.496	0.441
路面	0.143	0.127	技术复杂大桥	0.187	0.166
隧道	0.239	0.213	钢材及钢结构	0.148	0.131

7. 财务费用：一级取费按“18 编办及其配套定额指标”规定的费率计算，二、三级取费按表 7 的费率计算。

财务费用费率表(%) 表7

工程类别	二级取费	三级取费	工程类别	二级取费	三级取费
土方	0.244	0.217	构造物Ⅰ	0.419	0.373
石方	0.233	0.207	构造物Ⅱ	0.491	0.436
运输	0.238	0.211	构造物Ⅲ	0.985	0.875
路面	0.364	0.323	技术复杂大桥	0.573	0.510
隧道	0.462	0.410	钢材及钢结构	0.588	0.522

8. 规费:包括养老保险费、失业保险费、医疗保险费(含生育保险费)、工伤保险费和住房公积金(简称“四险一金”),不分工程类别,按表8的费率计算。

规 费 费 率 表(%) 表8

合　　计	养老保险费	失业保险费	医疗保险费 (含生育保险)	工伤保险费	住房公积金
32.3	16	0.5	6.5	1.3	8

9. 利润:一级取费按7.42%计算,二级取费按6.68%计算,三级取费按5.94%计算。

10. 税金:按国家税务总局规定的现行税率计算。

五、凡本补充规定未涉及的费用项目、内容和计算方法等均按“18编办及其配套定额指标”的规定执行。

六、本补充规定由江西省交通工程造价管理站负责解释。

江西省交通运输厅

2019 年 5 月 6 日

山东省交通运输厅关于印发《山东省公路工程建设项目投资估算概算预算编制补充规定》的通知

（鲁交建管〔2019〕25 号）

各有关单位：

根据交通运输部第 86 号公告发布的《公路工程建设项目投资估算编制办法》（JTG 3820—2018）、《公路工程建设项目概算预算编制办法》（JTG 3830—2018）及《公路工程估算指标》（JTG/T 3821—2018）、《公路工程概算定额》（JTG/T 3831—2018）、《公路工程预算定额》（JTG/T 3832—2018）、《公路工程机械台班费用定额》（JTG/T 3833—2018）（以下简称"新计价依据"），结合我省实际，省厅组织制定了《山东省公路工程建设项目投资估算概算预算编制补充规定》，现随文印发，请遵照执行。

山东省交通运输厅

2019 年 4 月 29 日

山东省公路工程建设项目投资估算概算预算编制补充规定

根据交通运输部第86号公告发布的《公路工程建设项目投资估算编制办法》(JTG 3820—2018)、《公路工程建设项目概算预算编制办法》(JTG 3830—2018)及《公路工程估算指标》(JTG/T 3821—2018)、《公路工程概算定额》(JTG/T 3831—2018)、《公路工程预算定额》(JTG/T 3832—2018)、《公路工程机械台班费用定额》(JTG/T 3833—2018)(以下简称"新计价依据"),结合我省实际,现就山东省公路工程建设项目投资估算、概(预)算编制补充规定如下:

一、总体要求

(一)本补充规定适用于山东省新建和改(扩)建公路工程建设项目。

(二)2019年5月1日前已上报待批复的公路工程项目,仍执行原计价依据。

(三)2019年5月1日后上报的公路工程估算、概(预)算文件,应执行新计价依据。

(四)建设期内设计变更执行原预算批复时采用的计价依据。

二、编制要求

(一)估算、概(预)算文件均应按整个项目编制;招投标阶段根据建设单位要求,可分标段编制,但应按项目进行汇总。

(二)估算、概(预)算文件编制应依据部颁相应编制办法划分的投资估算、概(预)算项目表进行,引用的项目表序号、内容不得修改;项目表缺少的内容可参考《山东省公路工程造价文件编制指南》或根据工程实际需要增加。

(三)估算、概(预)算文件编制说明应按照新计价依据要求编写,除进行本阶段与上阶段工程数量、造价对比分析外,还需说明变化情况及原因。

三、取费标准

(一)人工费

依据我省公路建设项目人工工资统计情况,结合定额消耗、最低工资标准及公路建设劳务市场情况等因素,经综合分析,编制公路工程建设项目估算、概(预)算时的人工费单价(含机械工)按111.23元/工日的标准计取。

人工费单价仅作为编制估算、概(预)算的依据,不作为施工企业实发工资的依据。

(二)施工机械使用费

施工机械台班预算价格按交通运输部《公路工程机械台班费用定额》(JTG/T 3833—

2018）计算，其中不变费用按定额规定费用计算，可变费用中的台班人工费工日单价采用本补充规定，动力燃料费用按材料费的计算规定计算，车船使用税按我省有关规定计算。

（三）特殊地区施工增加费

我省公路建设项目不计高原和风沙地区施工增加费；只有位于海岸线至公海范围内的公路工程项目才计列沿海地区施工增加费。

（四）规费

规费是指按照法律、法规、规章规定，施工企业必须缴纳的费用。根据我省有关规定，规费费率取定为35.9%，其中养老保险费16%，失业保险费0.7%，医疗保险费6.5%（含生育保险），工伤保险费0.7%，住房公积金12%。

（五）利润和税金

利润执行新计价依据有关规定，税金按国家相关部门规定的现行增值税税率计算。

（六）生产人员培训费

工程建设其他费中生产人员培训费按设计定员和3000元/人的标准计算，设计定员数量应根据项目实际需要的运营和管理人员进行测算。

四、其他

（一）本补充规定自2019年5月1日起实施。山东省交通运输厅关于印发《山东省公路工程基本建设项目投资估算概算预算编制补充规定》的通知（鲁交建管〔2012〕18号）同时废止。原省交通运输厅印发的其他有关工程造价规定的内容与本规定不一致的，按本规定执行。

（二）本补充规定未做具体说明的其他费用项目及计算标准均按新计价依据规定计列。

（三）本补充规定由省交通运输厅负责管理和解释，日常管理和解释工作由山东省交通运输工程定额站负责。

2019年4月29日

河南省交通运输厅关于发布河南省公路工程建设项目估算概算预算编制办法补充规定的通知

(豫交文〔2019〕274 号)

各省辖市、省直管县(市)交通运输局、厅直属有关单位、厅机关有关处室:

根据《交通运输部关于发布〈公路工程建设项目投资估算编制办法〉〈公路工程建设项目概算预算编制办法〉〈公路工程估算指标〉〈公路工程概算定额〉〈公路工程预算定额〉〈公路工程机械台班费用定额〉的公告》(交通运输部 2018 年第 86 号公告),结合我省实际,制定如下补充规定,请遵照执行。

一、3.1.2 款第 1 条人工费:人工工日单价(含机械工)按 108.85 元/工日执行。人工工日单价仅作为编制估算、概算、预算的依据,不作为施工企业实发工资的依据。

二、3.1.8 款规费:我省的规费费率取费标准为 33.5%,其中:养老保险 16%,医疗保险费(含生育险)7.3%,失业保险 0.7%,工伤保险 1%,住房公积金 8.5%。规费仅作为编制估算、概算、预算的依据,不作为企业实际缴纳的依据。

三、省交通运输厅《关于执行〈公路工程基本建设项目概算预算编制办法〉、〈公路工程概算定额〉、〈公路工程预算定额〉、〈公路工程机械台班费用定额〉的通知》(豫交计〔2008〕38 号),自本规定发布之日起废止。

四、本规定发布之日前已批复的估算、概算、预算,不再调整。

五、本规定自发布之日起执行。

河南省交通运输厅

2019 年 7 月 5 日

湖北省交通运输厅关于执行交通运输部第 86 号公告有关补充规定的通知

（鄂交建〔2019〕187 号）

各有关单位：

根据《交通运输部关于发布〈公路工程建设项目投资估算编制办法〉〈公路工程建设项目概算预算编制办法〉及〈公路工程估算指标〉〈公路工程概算定额〉〈公路工程预算定额〉〈公路工程机械台班费用定额〉的公告》（交通运输部公告第 86 号）（以下简称《公告》）的要求，为加强我省公路建设工程的造价管理，统一全省公路工程建设项目估算、概算、预算的编制原则，结合我省实际，现将我省有关补充规定通知如下，请遵照执行。

一、人工工日单价标准

我省新、改（扩）建的公路工程建设项目，人工工日（含机械工）单价按 110.07 元/工日执行。

1. 人工工日单价仅作为编制估、概、预算的依据，不作为施工企业实发工资的依据。

2. 人工工日单价将根据我省政策的变化适时进行动态调整并发布。

二、费率标准

规费费率为 34.8%：其中养老保险 16%，医疗保险（含生育保险）8.5%，失业保险 1%，工伤保险 1.3%，住房公积金 8%。安全生产费费率暂按 1.5% 计列。

规费费率仅作为编制估、概、预算的依据，不作为施工企业实际缴纳的依据。

三、执行时间和要求

本补充规定自 2019 年 5 月 1 日起正式实施。

2019 年 5 月 1 日前已送审的项目，其估算、概算、预算执行原编制办法及配套指标、定额；2019 年 5 月 1 日后送审的项目，其估算、概算、预算编制均应执行新编制办法及配套指标、定额。

四、其他

1. 采用 2012 版《湖北省高速养护工程预算编制办法》及《湖北省高速公路养护工程预算定额》编制的高速公路养护工程造价文件，仍执行原人工工日单价及规费费率标准。

2. 采用《公告》中的编制办法及定额编制造价文件时，所采用的估、概、预算项目表及项目节编号、新增材料编号、新增机械编号、新增设备编号均由省交通基本建设造价管理站统一管理,不得自行更改或添加。

3.《关于贯彻执行交通部新颁公路定额有关事项的通知》(鄂交基〔2007〕603 号)及《关于建议调整我省公路工程估算、概算、预算人工工日单价标准的通知》(鄂交建〔2012〕68 号)中与本补充规定中不一致的条款同时废止。

4. 本补充规定的管理权和解释权归省交通运输厅,日常解释和管理工作由省交通基本建设造价管理站负责。

湖北省交通运输厅

2019 年 6 月 18 日

湖南省交通运输厅关于发布《公路工程建设项目投资估算编制办法》《公路工程建设项目概算预算编制办法》补充规定的通知

（湘交基建〔2019〕74 号）

各有关单位：

根据交通运输部发布的《公路工程建设项目投资估算编制办法》《公路工程建设项目概算预算编制办法》《公路工程估算指标》《公路工程概算定额》《公路工程预算定额》《公路工程机械台班费用定额》（交通运输部 2018 年第 86 号公告）（以下简称“部新颁编办及定额”）规定，结合我省实际，现将有关补充规定通知如下，请遵照执行。

一、凡在 2019 年 5 月 1 日前已批准工程概算的公路工程建设项目仍执行原定额和办法，造价不再进行调整；凡在 2019 年 5 月 1 日后上报或虽在 2019 年 5 月 1 日前上报但尚未审批工程概算的公路工程建设项目造价文件，应按部新颁编办及定额编制。

二、人工费：我省新建和改建的公路工程建设项目，人工工日单价（含机械工）按 103.86 元/工日执行。人工费单价仅作为编制估、概、预算的依据，不作为施工企业实发工资的依据。《高速公路机电工程概预算编制办法及定额》（DB 43/T 859—2014）人工费标准参照 103.86 元/工日执行。《公路养护工程预算编制办法及定额》（DB 43/T 858—2014）、《公路养护小修保养工程预算编制办法及定额》（DB 43/T 1128—2015）等养护定额按照人工费标准与定额相匹配的原则，暂不调整养护类定额的人工费标准，仍按 68.91 元/工日执行。

三、措施费、企业管理费、规费、利润、税金及专项费用等建筑安装工程费取费标准如下表。

费用名称		费率
措施费	冬季施工增加费	部颁费率
	雨季施工增加费	部颁费率
	夜间施工增加费	部颁费率
	特殊地区施工增加费	不计
	行车干扰工程施工增加费	部颁费率
	施工辅助费	部颁费率
	工地转移费	部颁费率
企业管理费	基本费用	部颁费率
	主副食运费补贴	部颁费率

续上表

费用名称		费　率
企业管理费	职工探亲路费	部颁费率
	职工取暖补贴	部颁费率
	财务费用	部颁费率
规费	养老保险费	国家相关规定
	失业保险费	0.7%
	医疗保险费	8.7%
	工伤保险费	2.2%
	住房公积金	10%
利润		部颁费率
税金		国家财税部门规定
专项费用	施工场地建设费	部颁费率
	安全生产费	部颁费率

我省发布的公路养护、机电类定额规费标准均按上表执行。

四、估算指标中的绿化工程部分按我省颁发的《公路工程绿化估算指标》(DB 43/T 1124—2015)执行。

五、本通知自 2019 年 5 月 1 日起实行,有效期五年。

湖南省交通运输厅
2019 年 4 月 17 日

广东省交通运输厅关于《公路工程建设项目投资估算编制办法》《公路工程建设项目概算预算编制办法》及配套指标定额补充规定的通知

（粤交基〔2019〕544 号）

各地级以上市交通运输局，省公路事务中心，省交通集团有限公司：

为加强我省公路工程建设项目投资估算、概算、预算的编制和管理，合理确定和有效控制工程造价，根据交通运输部2018 年第86 号公告发布施行的《公路工程建设项目投资估算编制办法》（JTG 3820—2018）、《公路工程建设项目概算预算编制办法》（JTG 3830—2018）、《公路工程估算指标》（JTG/T 3821—2018）、《公路工程概算定额》（JTG/T 3831—2018）、《公路工程预算定额》（JTG/T 3832—2018）、《公路工程机械台班费用定额》（JTG/T 3833—2018）以及交通运输部2019 年第26 号公告发布的《交通运输部关于调整〈公路工程建设项目投资估算编制办法〉（JTG 3820—2018）和〈公路工程建设项目概算预算编制办法〉（JTG 3830—2018）中“税金”有关规定的公告》（以下统一简称为“《新办法》”），结合我省公路工程建设项目造价管理的实际情况，现就我省执行《新办法》补充规定如下：

一、总则

（一）关于适用范围

1. 我省行政区域内的公路新建、改（扩）建、大修项目的投资估算、概算、预算的编制和管理应按《新办法》和本规定执行（以下合称《新规定》）。

2. 我省行政区域内的公路养护工程（大修除外）预算的编制和管理仍执行《广东省公路养护工程预算编制办法和预算定额》（粤交基〔2009〕1350 号）、《营业税改增值税广东省公路养护工程造价计价依据调整方案》（粤交基〔2016〕1182 号）以及《新规定》关于规费费率、税金税率的规定。

（二）关于执行时间

1. 自发布之日起执行《新规定》，发布之日前已批准或已报批的投资估算、设计概算、施工图预算不再调整。

2. 招标工程量清单预算及重（较）大设计变更预算编制，按已批准或已报批的项目施工图预算对应的有关规定执行。

3. 采用《新规定》编制造价文件时，省交通运输厅发布的《关于印发广东省执行交通运输部〈公路工程基本建设项目概算预算编制办法〉补充规定的通知》（粤交基〔2008〕548 号）、《关于调整我省交通基本建设工程造价编制有关费用计列规定的通知》(粤交基〔2009〕210 号)(其中适用于公路工程的部分)、《关于印发广东省执行交通运输部〈公路工程基本建设项目投资估算编制办法〉(中华人民共和国行业标准 JTG M20—2011)补充规定的通知》(粤交规函〔2012〕1880 号)、《关于调整我省公路工程概算预算人工工日单价的通知》(粤交基函〔2010〕1915 号)、《广东省交通运输厅关于印发〈营业税改增值税广东省公路建设工程造价计价依据调整补充方案〉的通知》(粤交基〔2016〕562 号)(以下合称《旧规定》)不再执行。

4. 同一项目分别执行《旧规定》、《新规定》编制前、后阶段造价的,应在后阶段的造价文件编制说明中说明前、后阶段编制造价文件所采用的不同编制办法、指标、定额、规定以及其他政策性文件情况,并全面分析对比前、后阶段的造价差异。

二、关于人工费、施工机械使用费、沿海地区工程施工增加费、规费、税金、安全生产费

(一)人工费

1. 我省公路新建、改(扩)建、大修项目的人工工日单价按表 1 标准取定。

广东省公路工程人工工日单价表　　表 1

地区分类	适用地区	人工工日单价(元/工日)
一类	深圳	135.65
	广州	131.23
二类	珠海、佛山、东莞、中山	126.56
三类	惠州、肇庆、江门、汕头	120.66
四类	汕尾、河源、清远、云浮、韶关、阳江、湛江、梅州、茂名、揭阳、潮州	118.99

说明:(1)人工工日单价仅作为编制造价文件的依据,不作为施工企业实发工资的依据。
(2)机械(含工程船舶)台班定额中人工工日单价按照表 1 标准执行。
(3)潜水组艘班单价按我省水运工程现行相关造价标准执行。

2. 项目跨不同地区类别时,人工工日单价按跨不同地区的路线长度加权计算。

3. 人工工日单价将根据我省公路工程建设项目的人工工资统计情况以及我省公路建设劳务市场情况进行综合分析,适时可动态调整并发布实施。

4. 我省公路养护工程(大修除外)预算的人工工日单价仍按省交通运输厅《关于调整我省公路养护工程预算人工单价的通知》(粤交基〔2010〕1733 号)的标准取定。

(二)施工机械使用费

公路工程施工机械台班预算价格应按《公路工程机械台班费用定额》(JTG/T 3833—2018)计算。其中:不变费用按定额规定费用计算,可变费用的台班人工费工日单价同生产工人人工工日单价计算,动力燃料费用按材料费的计算规定计算,车船使用税按附件 1-表 3 计算。

(三)沿海地区施工增加费

1. 我省沿海地区施工增加费费率标准执行《新办法》规定。

2. 适用沿海地区施工增加费的范围(地区)为:潮州、汕头、揭阳的惠来、汕尾(不含陆河)、惠州(不含龙门、博罗)、深圳、珠海、江门的台山、阳江、茂名(不含化州、高州、信宜)、湛江地区施工受海风、海浪和潮汐影响路段的构造物Ⅱ、构造物 Ⅲ、技术复杂大桥以及钢材及钢结构工程。该路段沿海地区施工增加费按沿海路段占项目路线长度比例计算。

(四)规费

我省公路新建、改(扩)建、大修项目和公路养护(大修除外)工程的规费费率的具体取定标准见表2。此项费用标准将根据我省有关法规及有关规定,适时调整发布。

规费费率表

表2

规费类别	费率(%)	规费类别	费率(%)
养老保险	14.00	工伤保险	0.50
失业保险	0.80	住房公积金	8.50
医疗保险(含生育保险)	6.85	合计	30.65

说明:(1)规费以各类工程的人工费之和为基数计算。

(2)造价文件的编制按表2费率计算,实际缴纳金额按有关社会保险和公积金管理机构核定的标准计缴。

(五)税金税率

我省公路新建、改(扩)建、大修项目和公路养护工程(大修除外)的税金税率按国家政策规定执行。

(六)安全生产费

我省公路新建、改建、扩建、大修项目的安全生产费费率按1.5%取定(《新规定》未包含的专业工程的安全生产费费率按相应行业部门的有关规定执行)。

三、关于绿化工程费用指标

公路建设项目投资估算、概算、预算绿化工程费用的编制和管理,应执行《新规定》以及《广东省交通运输厅关于印发〈广东省高速公路沿线绿化工程费用指标〉的通知》(粤交基函〔2019〕908号)的规定。

四、关于土地使用及拆迁补偿费

(一)编制投资估算、概算、预算造价文件时,应按广东省公路工程建设项目土地使用费计算表(详见附件2-表4)的内容和格式要求编制土地使用费,并作为造价文件之征地拆迁费用的计算附表,且其费用计列的依据文件应作为造价文件的附件。

(二)需满足耕地(水田)占补平衡的公路建设项目,其预购费用按国家及自然资源管理部门的有关规定执行。

五、关于投资估算、概算、预算编制

(一)结合我省公路工程建设项目推行全过程造价管理的实际情况,对《新办法》的附录B"投资估算项目表"和"概算预算项目表"进行补充和调整,以"广东省公路工程建设项目投资估算费用项目表"(附件3-表5)和"广东省公路工程建设项目概算预算费用项目表"(附件4-表6)分别替代。

(二)编制投资估算、概算、预算造价文件时,如部颁指标、定额标准或我省补充性指标、定额标准缺项时,可根据工程设计、施工工艺等特殊要求,及时搜集计量计价资料,组织成本分析,并在造价文件编制说明中予以说明,相关基础资料或支撑性依据作为造价文件的附件。

附件:1. 广东省公路工程建设项目机械台班车船税计费标准(略)
2. 广东省公路工程建设项目土地使用费计算表(略)
3. 广东省公路工程建设项目投资估算费用项目表(略)
4. 广东省公路工程建设项目概算预算费用项目表(略)

广东省交通运输厅
2019 年 6 月 20 日

广西壮族自治区交通运输厅关于印发公路工程建设项目估算概算预算编制办法广西补充规定的通知

（桂交建管发〔2019〕39 号）

各市交通运输局，自治区公路管理局、高速公路管理局、交通工程质量安全监督站，广西交通投资集团有限公司、北部湾投资集团有限公司：

根据交通运输部《关于发布〈公路工程建设项目投资估算编制办法〉〈公路工程建设项目概算预算编制办法〉及〈公路工程估算指标〉〈公路工程概算定额〉〈公路工程预算定额〉〈公路工程机械台班费用定额〉的公告》（交通运输部 第 86 号）精神，结合我区实际，我厅制定了《公路工程建设项目估算概算预算编制办法广西补充规定》，现印发给你们，请遵照执行。

广西壮族自治区交通运输厅

2019 年 4 月 30 日

公路工程建设项目估算概算预算编制办法
广西补充规定

一、适用范围

本补充规定适用范围与《公路工程建设项目投资估算编制办法》(JTG 3820—2018)、《公路工程建设项目概算预算编制办法》(JTG 3830—2018)、《公路工程估算指标》(JTG/T 3821—2018)、《公路工程概算定额》(JTG/T 3821—2018)、《公路工程预算定额》(JTG/T 3832—2018)、《公路工程机械台班费用定额》(JTG/T 3833—2018)(以下统称为“新编办”“新定额”)的适用工程范围一致。

二、人工费

人工费单价(含机械人工、船员)全区统一为 101.25 元/工日;潜水员人工费单价为 164 元/工日。本人工费单价只作为编制投资估算、概算预算的依据,不作为施工企业实发工资的依据。

三、沿海地区工程施工增加费

沿海地区工程施工增加费适用于我区北海、钦州及防城港市受海风、海浪和潮汐影响施工的构造物Ⅱ、构造物Ⅲ、技术复杂大桥、钢材和钢结构工程。

四、规费

规费包括施工企业应缴纳的养老保险费、失业保险费、医疗保险费、工伤保险费和住房公积金。本规费费率只作为编制投资估算、概算预算的依据,不作为施工企业实际缴纳相关费用的依据。

规费费率表

规费项目	养老保险费	医疗保险费(含生育保险)	失业保险费	工伤保险费	住房公积金	合计
费率(%)	16	7.5	0.5	1	8.5	33.5

五、税费

税费按财税部门规定税率执行。

六、新编办、新定额执行时间和要求

(一)2019 年 5 月 1 日前已批准工程概算、预算的公路工程建设项目,造价不因新编办、新定额施行进行调整。

（二）2019 年 5 月 1 日后上报的公路工程建设项目工程概算、预算，应按部新编办、新定额编制；但 2019 年 5 月 1 日前已通过设计文件行业审查的公路工程建设项目工程概算、预算仍按原编办及定额编制。

（三）2019 年新开工地高网高速公路建设项目可按原编办及定额执行。

七、自 2019 年 5 月 1 日起，我厅原下发的《关于印发公路基本建设工程概算预算编制办法广西补充规定的通知》（桂交基建发〔2008〕62 号）、《关于发布广西公路工程机械台班车船使用税标准的通知》（桂交基建发〔2009〕11 号）同时废止。

2019 年 4 月 30 日

海南省交通运输厅关于印发《海南省公路工程建设项目估算概算预算编制补充规定》的通知

(琼交规划〔2019〕387号)

各有关单位:

为贯彻落实交通运输部《关于发布〈公路工程建设项目估算编制办法〉〈公路工程建设项目概算预算编制办法〉及〈公路工程估算指标〉〈公路工程概算定额〉〈公路工程预算定额)〈公路工程机械台班费用定额〉的公告》(交通运输部2018年第86号)精神,进一步做好全省公路工程基本建设项目估算概算预算编制工作,结合我省实际,省厅制定了《海南省公路工程建设项目估算概算预算编制补充规定》,现印发给你们,请遵照执行。

附件:《海南省公路工程建设项目估算概算预算编制补充规定》

海南省交通运输厅

2019年7月16日

海南省公路工程建设项目估算概算预算编制补充规定

为贯彻落实交通运输部《关于发布〈公路工程建设项目估算编制办法〉〈公路工程建设项目概算预算编制办法〉及〈公路工程估算指标〉〈公路工程概算定额〉〈公路工程预算定额〉〈公路工程机械台班费用定额〉的公告》(交通运输部2018年第86号)精神,进一步做好全省公路工程基本建设项目估算概算预算编制工作,结合我省实际,现补充以下规定。

一、适用范围

本补充规定适用范围与《公路工程建设项目投资估算编制办法》(JTC 3820—2018)、《公路工程建设项目概算预算编制办法》(JTG 3830—2018)、《公路工程估算指标》(JTG/T 3821—2018)、《公路工程概算定额》(JTG/T 3831—2018)、《公路工程预算定额》(JTG/T 3832—2018)、《公路工程机械台班费用定额》(JTG/T 3833—2018)(以下统称"新编办""新定额")的适用工程范围一致。

二、人工单价

人工费的工日标准全省统一执行115元/工日。

三、规费

规费包括施工企业应缴纳的养老保险费、失业保险费、医疗保险费、工伤保险费和住房公积金。本规费费率只作为编制投资估算、概算预算的依据,不作为施工企业实际缴纳相关费用的依据。

规费费率表(%)

规费项目	养老保险费	医疗保险费(含生育保险费)	失业保险费	工伤保险费	住房公积金	合计
费率	16	6.5	0.5	0.5	8	31.5

四、税率

税率按财政部门规定税率执行。

五、新编办、新定额执行时间和要求

(一)2019年5月1日前已批复的公路建设项目,其造价不作调整。建设期内设计变更执行原预算批复时采用的计价依据。

(二)在2019年5月1日前,工程建设项目预算已部分批复,剩余部分可继续按照旧编办、旧定额编制批复。

(三)在2019年5月1日前上报审批部门并已完成审查工作的,可继续按照旧编办、旧定额编制批复。

(四)除以上三类情况外,应按部新编办、新定额编制。

六、本补充规定自2019年5月1日起实行。

2019年7月16日

重庆市交通局关于发布重庆市公路工程补充性造价依据(2019-1)的通知

(渝交路〔2019〕29 号)

各区县(自治县)交通局,有关单位:

交通运输部发布了《公路工程建设项目投资估算编制办法》(JTG 3820—2018)、《公路工程建设项目概算预算编制办法》(JTG 3830—2018)及《公路工程估算指标》(JTG/T 3821—2018)、《公路工程概算定额》(JTG/T 3831—2018)、《公路工程预算定额》(JTG/T 3832—2018)、《公路工程机械台班费用定额》(JTG/T 3833—2018)(2018 年第 86 号公告,以下简称“2018 编制办法及配套定额”),自 2019 年 5 月 1 日起施行。

按照《重庆市公路工程造价管理实施细则》的有关规定,市交通造价站根据2018 编制办法及配套定额,结合我市公路建设实际情况编制了《重庆市公路工程补充性造价依据(2019-1)》,现予发布。各单位在执行过程中若有建议或意见,请及时函告市交通造价站(地址:重庆市南岸区南兴路 58 号;邮编:400060;电话:62806015)。

附件:重庆市公路工程补充性造价依据(2019-1)

重庆市交通局

2019 年 4 月 30 日

附件

重庆市公路工程补充性造价依据
(2019-1)

1　人工费标准

1.1　人工工日单价标准确定为 101 元/工日。人工工日单价仅作为编制造价文件的依据,不作为施工企业实发工资的依据。

2　费率标准

2.1　规费费率标准确定为 36.6%,其中:养老保险费 16%、失业保险费 0.5%、医疗保险费 10%、工伤保险费 1.6%、住房公积金 8.5%,并根据国家和我市有关政策实行动态调整(对政策规定费率为幅度值的,取中值)。规费费率仅作为编制造价文件的依据,不作为施工企业实际交纳费用的依据。

2.2　税金税率按照现行建筑业增值税税率 9% 执行,并根据国家公布的税率实行动态调整。

2.3　其他费率按照 2018 编制办法及配套定额确定的费率执行。

3　执行时间

3.1　自 2019 年 5 月 1 日起,公路工程建设项目行政许可申请受理的投资估算、设计概算和施工图预算,均按照 2018 编制办法及配套定额和本补充性造价依据执行。

3.2　在 2019 年 5 月 1 日前,公路工程建设项目行政许可申请已经批准或者已经受理尚未批准的投资估算、设计概算和施工图预算,仍按照重庆市交通委员会《关于执行交通部〈公路工程基本建设项目概算预算编制办法〉(JTG B06—2007)的通知》(渝交委路〔2008〕31 号)及相关补充规定执行。

3.3　按照《重庆市公路工程设计变更管理办法》编审的设计变更概算预算文件,执行原批准造价文件所采用的编制办法及配套定额和补充性造价依据。

2019 年 4 月 30 日

四川省交通运输厅关于贯彻执行交通运输部 2018 年《公路工程建设项目投资估算、概算预算编制办法》及配套指标、定额有关事项的通知

（川交函〔2019〕344 号）

各市（州）交通运输局（委）、厅直及有关单位、厅机关有关处（室）：

根据交通运输部关于发布《公路工程建设项目投资估算编制办法》《公路工程建设项目概算预算编制办法》及《公路工程估算指标》《公路工程概算定额》《公路工程预算定额》《公路工程机械台班费用定额》的公告（交通运输部 2018 年第 86 号公告，以下简称"新计价标准"）的精神，结合我省公路工程建设的具体情况，现将贯彻执行新计价标准配套文件的有关事项通知如下（以下简称《通知》），请遵照执行。

一、执行时间

自 2019 年 5 月 1 日起，我省公路工程建设项目造价文件的编制、审查、审核、批复均执行新计价标准及其配套文件(2019 年 5 月 1 日前已申请批复的除外)。

二、人工工日单价标准

根据有关规定和测算结果，全省人工工日单价按照地区分类标准和地区分类系数执行：

四川省公路工程人工工日单价地区分类标准

地区分类	人工工日单价（元/工日）	地区分类	人工工日单价（元/工日）
Ⅰ类	101	Ⅲ类	135
Ⅱ类	115		

四川省公路工程人工工日单价地区分类系数

<table>
<tr><th colspan="2">地区</th><th>分类</th><th>分类系统</th></tr>
<tr><td rowspan="2">成都</td><td>市辖区、高新区、天府新区成都直管区、新津、都江堰</td><td rowspan="3">Ⅰ类</td><td rowspan="2">1.01</td></tr>
<tr><td>简阳、邛崃、崇州、金堂、大邑、蒲江、彭州</td></tr>
<tr><td colspan="2">自贡、泸州、德阳、广元、遂宁、内江、乐山、南充、绵阳、宜宾、达州、雅安、巴中、广安、眉山、资阳、攀枝花</td><td>0.94</td></tr>
</table>

续上表

<table>
<tr><th colspan="2">地　　区</th><th>分类</th><th>分类系统</th></tr>
<tr><td colspan="2">乐山(马边、峨边、金口河)、攀枝花(盐边)、甘孜州(泸定)、凉山州(盐源、甘洛、雷波)、阿坝州(九寨沟)</td><td rowspan="4">Ⅱ类</td><td>1.02</td></tr>
<tr><td rowspan="3">凉山州</td><td>西昌、德昌、会理、会东</td><td>0.87</td></tr>
<tr><td>宁南、普格、喜德、冕宁、越西</td><td>0.93</td></tr>
<tr><td>布拖、金阳、昭觉、美姑、木里</td><td>1.21</td></tr>
<tr><td rowspan="3">阿坝州</td><td>汶川、理县、茂县</td><td rowspan="2">Ⅱ类</td><td>0.93</td></tr>
<tr><td>马尔康、松潘、金川、小金、黑水</td><td>1.21</td></tr>
<tr><td>壤塘、阿坝县、若尔盖、红原</td><td>Ⅲ类</td><td>1.09</td></tr>
<tr><td rowspan="3">甘孜州</td><td>康定、丹巴、九龙、道孚、炉霍、新龙、德格、白玉、巴塘、乡城</td><td>Ⅱ类</td><td>1.21</td></tr>
<tr><td>稻城、雅江、甘孜、得荣</td><td rowspan="2">Ⅲ类</td><td>1.09</td></tr>
<tr><td>石渠、色达、理塘</td><td>1.21</td></tr>
</table>

各地区人工工日单价标准按照地区分类标准和分类系数确定。如:康定为115×1.21=139.15元/工日。人工工日单价仅作为编制投资估算、概算预算的依据,不作为施工企业实发工资的依据。

三、措施费、规费及工程其他费取费标准

各项费用的取费标准见下表:

措施费、规费及工程其他费取费标准

<table>
<tr><th>费用类别</th><th colspan="2">费用名称</th><th>取费标准</th></tr>
<tr><td rowspan="9">措施费</td><td colspan="2">冬季施工增加费</td><td>部颁费率</td></tr>
<tr><td colspan="2">雨季施工增加费</td><td>部颁费率</td></tr>
<tr><td colspan="2">夜间施工增加费</td><td>部颁费率</td></tr>
<tr><td rowspan="3">特殊地区
施工增加费</td><td>高原地区施工增加费</td><td>部颁费率</td></tr>
<tr><td>风沙地区施工增加费</td><td>不计</td></tr>
<tr><td>沿海地区施工增加费</td><td>不计</td></tr>
<tr><td colspan="2">行车干扰施工增加费</td><td>部颁费率</td></tr>
<tr><td colspan="2">施工辅助费</td><td>部颁费率</td></tr>
<tr><td colspan="2">工地转移费</td><td>部颁费率</td></tr>
<tr><td rowspan="5">企业管理费</td><td colspan="2">基本费用</td><td>部颁费率</td></tr>
<tr><td colspan="2">主副食运费补贴</td><td>部颁费率</td></tr>
<tr><td colspan="2">职工探亲路费</td><td>部颁费率</td></tr>
<tr><td colspan="2">职工取暖补贴</td><td>部颁费率</td></tr>
<tr><td colspan="2">财务费用</td><td>部颁费率</td></tr>
</table>

续上表

费用类别	费用名称	取费标准
规费	养老保险费	省发标准
	失业保险费	省发标准
	医疗保险费	省发标准
	工伤保险费	省发标准
	住房公积金	省发标准
利润		部颁费率
税金		部颁费率
专项费用	施工场地建设费	部颁费率
	安全生产费	部颁费率
工程建设其他费用		部颁费率

注:1. 规费中养老保险费、失业保险费、医疗保险费、工伤保险费费率按四川省发布标准:16%、0.6%、9%、1.3%进行取费,住房公积金按四川省发布标准5%~12%的区间均值,四舍五入后按9%进行取费。标准发生调整时,从其新规定。

2. 安全生产费费率按财政部、国家安全生产监督管理总局《关于印发〈企业安全生产费用提取和使用管理办法〉的通知》标准:1.5%进行取费。标准发生调整时,从其新规定。

四、有关事项

1. 本《通知》自2019年5月1日起施行,有效期5年。

2. 本《通知》施行后,厅原发布的《四川省交通厅关于贯彻执行交通部2007年〈公路基本建设项目概算预算编制办法〉及配套定额有关事项的通知》(川交函〔2008〕412号)同时废止。

3. 请各单位在实践中注意总结经验,执行过程中如有建议或意见,请及时函告四川省交通运输厅交通建设工程造价管理站(地址:成都市武侯祠大街180号,邮编:610041)。

四川省交通运输厅

2019年5月24日

贵州省交通运输厅关于印发《公路工程建设项目投资估算编制办法》《公路工程建设项目概算预算编制办法》补充规定的通知

(黔交建设〔2019〕65 号)

各有关单位:

交通运输部《公路工程建设项目投资估算编制办法》(JTG 3820—2018)、《公路工程建设项目概算预算编制办法》(JTG 3830—2018)、《公路工程估算指标》(JTG/T 3821—2018)、《公路工程概算定额》(JTG/T 3831—2018)、《公路工程预算定额》(JTG/T 3832—2018)、《公路工程机械台班费用定额》(JTG/T 3833—2018)现已发布。为加强我省公路建设工程的造价管理,统一全省公路工程基本建设项目估算、概算、预算编制原则,结合我省实际,特制定如下补充规定:

一、总则

(一)本规定适用于省内新建和改(扩)建的公路工程建设项目。

(二)从事公路工程建设项目估算、概算、预算编制的工作人员应当具备相应的专业技术技能,其从业行为应严格执行造价工程师执业资格制度相关规定,并对其编制的公路工程造价文件质量负责。

二、执行时间和要求

(一)高速公路 PPP 项目

2019 年 5 月 20 日前,会同省发改委、财政厅等审批机构完成可研咨询评估及“一方案两评估”审查的项目,估算执行原编制办法及定额,其后续相关批复执行新编制办法及定额。

(二)其他省内新建和改(扩)建的公路工程建设项目

1. 2019 年 5 月 1 日前已批复工程估算、概算、预算的公路工程建设项目,不再重新调整批复,其后续相关批复执行新编制办法及定额。

2. 2019 年 5 月 1 日(含)起批复工程估算、概算、预算的公路工程建设项目,均执行新编制办法及定额。

(三)2019 年 5 月 1 日(含)起,工程实施过程中发生的设计变更所采用的编制办法应与项目施工图设计批复时所采用的办法和定额一致。

三、人工费

我省新建、改(扩)建的公路工程建设项目,人工工日(含机械工)单价按 100.75 元/工日执行。人工工日单价仅作为编制估算、概算、预算的依据，不作为施工企业实发工资的依据。

人工工日单价将根据我省政策的变化适时进行动态调整并发布。

四、材料费

材料费按照"编制办法"相关规定执行。

五、施工机械使用费

施工机械台班预算价格按《公路工程机械台班费用定额》(JTG/T 3833—2018)计算，其中：不变费用按定额规定费用计算，可变费用的台班人工费单价采用本补充规定，动力燃料费用按材料费的计算规定计算，车船税按照《贵州省车船税实施办法》(省政府令第140号)规定执行。

六、费率标准

造价文件的编制按下表费率计算，不作为施工企业实际交纳费用的依据。实际缴纳金额按中央及省有关规定执行。

费用名称		新建和改(扩)建公路	
措施费		冬季施工增加费	部颁费率
		雨季施工增加费	部颁费率
		夜间施工增加费	部颁费率
		特殊地区施工增加费	部颁费率
		行车干扰工程施工增加费	部颁费率
		施工辅助费	部颁费率
		工地转移费	部颁费率
间接费	企业管理费	基本费用	部颁费率
		主副食运费补贴	部颁费率
		职工探亲路费	部颁费率
		职工取暖补贴	部颁费率
		财务费用	部颁费率
	规费	养老保险费	16%
		失业保险费	0.7%
		医疗保险费	7.5%
		住房公积金	5%
		工伤保险费	1.3%

七、利润、税金

利润、税金按"编制办法"及国家最新政策规定执行。

八、其他

(一)本补充规定未涉及的内容,按"编制办法"执行。

(二)本补充规定的管理权和解释权归贵州省交通运输厅,日常解释和管理工作由贵州省交通建设工程造价管理站(贵州省交通技术中心)负责。

(三)本文印发之日起,《关于同意发布施行〈贵州省公路工程基本建设项目概、预算编制补充规定的通知〉》(黔交建设〔2008〕139 号)、《关于执行交通运输部〈关于公布公路工程基本建设项目投资估算编制办法和公路工程估算指标的公告〉和〈关于公布公路工程基本建设项目概算预算编制办法局部修订的公告〉的补充规定》(黔交建设〔2012〕131 号)同时废止。

贵州省交通运输厅

2019 年 5 月 22 日

云南省交通运输厅关于印发《云南省公路工程建设项目估算概算预算编制办法补充规定》的通知

（云交建设〔2019〕34 号）

各州、市交通运输局，各有关单位：

经省交通运输厅 2019 年第 6 次厅务会议审议通过了《云南省公路工程建设项目估算概算预算编制办法补充规定》，现予以印发，请遵照执行。

云南省交通运输厅

2019 年 6 月 6 日

云南省公路工程建设项目估算概算预算编制办法补充规定

第一章　总　　则

第一条　根据交通运输部《公路工程建设项目投资估算编制办法》(JTG 3820—2018)、《公路工程建设项目概算预算编制办法》(JTG 3830—2018)等(以下简称《部颁编制办法》),结合云南公路工程建设实际,制定本补充规定。

第二条　本补充规定适用于云南省内新建、改(扩)建公路工程建设项目投资估算、设计概算、施工图预算的编制和管理。

第三条　工程项目类别划分。根据公路等级、工程技术复杂程度将公路工程分为两类。一类工程:高速公路、一级公路建设项目;二类工程:二级及以下公路建设项目。

第四条　各项费用费率取费。一类工程的人工工日单价、施工机械使用费、规费及税金按本补充规定执行,其余费率按《部颁编制办法》执行;二类工程的人工工日单价、施工机械使用费、规费、税金、施工场地建设费、建设项目管理费[建设单位(业主)管理费、建设项目信息化费、工程监理费、设计文件审查费]、建设项目前期工作费、专项评估费按本补充规定执行,其余费率按《部颁编制办法》执行。

第五条　编制投资估算、设计概算、施工图预算时,如遇定额(指标)缺项,应按有关规定上报。

第六条　投资估算、设计概算、施工图预算造价文件报表应按《部颁编制办法》附录中的封面、目录及估概预算表格样式等规定执行。

第二章　建筑安装工程费

第七条　直接费

(一)人工费

人工费中的人工工日单价按表2-1执行。人工工日单价由云南省交通运输厅根据我省工资标准的变化适时调整发布,该人工工日单价仅作为编制工程估、概、预算的依据,不作为施工企业实发工资的依据。

云南省公路工程人工工日单价表　　表2-1

工程类别	一类工程	二类工程
人工工日单价(元/工日)	101.54	90.18

（二）施工机械使用费

一类、二类工程施工机械台班预算单价的不变费用按《公路工程机械台班费用定额》（JTG/T 3833—2018）的规定取费计算；可变费用中的人工费工日单价，按本补充规定人工工日单价标准计算，动力燃料单价按材料预算价格计算，车船使用税按《云南省人民政府关于车船税政策管理有关事项的通知》（云政发〔2011〕244 号）计算。

第八条　规费

规费是指按法律、法规、规章、规程规定施工企业必须缴纳的费用，由个人缴纳的社会保险费（生育保险除外）和住房公积金已包含在人工综合工日单价内。

规费由社会保险费（养老保险费、失业保险费、医疗保险费、工伤保险费）及住房公积金组成。

规费以各类工程的人工费（含施工机械使用费的人工费）之和为基数，一类、二类工程均按表 2-2 费率执行。国家及云南省对规费有调整时，由云南省交通运输厅适时调整发布。

规费费率标准只作为编制估、概、预算之用，实缴数额施工企业应按国家有关规定缴纳。

规费费率表　　表 2-2

规费名称	养老保险费	失业保险费	医疗保险费	住房公积金	工伤保险	合　计
费率（%）	16	0.7	10	8	0.75	35.45

第九条　税金

税金是指国家税法规定应计入建筑安装工程造价的增值税销项税额。一、二类工程税率按国家现行标准执行。

第十条　施工场地建设费

施工场地建设费以定额建筑安装工程费（扣除专项费用）为基数，二类工程按表 2-3 的费率，以累进方法计算。

施工场地建设费费率表　　表 2-3

定额建筑安装工程费（扣除专项费）（万元）	费率（%）	算例（万元）	
		施工场地计费基数	施工场地建设费
500 及以下	2.135	500	500 ×2.135% =10.675
500 ~ 1000	1.691	1000	10.675 + (1000 − 500) ×1.691% =19.13
1000 ~ 5000	1.066	5000	19.13 + (5000 − 1000) ×1.066% =61.77
5000 ~ 10000	0.889	10000	61.77 + (10000 − 5000) ×0.889% =106.22
10000 ~ 30000	0.714	30000	106.22 + (30000 − 10000) ×0.714% =249.02
30000 ~ 50000	0.678	50000	249.02 + (50000 − 30000) ×0.678% =384.62
50000 ~ 100000	0.632	100000	384.62 + (100000 − 50000) ×0.632% =700.62
100000 ~ 150000	0.599	150000	700.62 + (150000 − 100000) ×0.599% =1000.12
150000 ~ 200000	0.566	200000	1000.12 + (200000 − 150000) ×0.566% =1283.12
200000 ~ 300000	0.539	300000	1283.12 + (300000 − 200000) ×0.539% =1822.12
300000 ~ 400000	0.516	400000	1822.12 + (400000 − 300000) ×0.516% =2338.12

续上表

定额建筑安装工程费(扣除专项费)(万元)	费率(%)	算例(万元)	
		施工场地计费基数	施工场地建设费
400000~600000	0.494	600000	2338.12+(600000-400000)×0.494%=3326.12
600000~800000	0.475	800000	3326.12+(800000-600000)×0.475%=4276.12
800000~1000000	0.46	1000000	4276.12+(1000000-800000)×0.46%=5196.12
1000000以上	0.447	1200000	5196.12+(1200000-1000000)×0.447%=6090.12

第三章　工程建设其他费用

第十一条　建设项目管理费

(一)建设单位(业主)管理费

建设单位(业主)管理费以定额建筑安装工程费为基数,二类工程按表3-1的费率,以累进方法计算。

建设单位(业主)管理费费率表　　表3-1

定额建筑安装工程费(万元)	费率(%)	算例(万元)	
		定额建筑安装工程费	建设单位(业主)管理费
500及以下	4.251	500	500×4.251%=21.255
500~1000	3.336	1000	21.255+(1000-500)×3.336%=37.935
1000~5000	2.668	5000	37.935+(5000-1000)×2.668%=144.655
5000~10000	2.242	10000	144.655+(10000-5000)×2.242%=256.755
10000~30000	1.859	30000	256.755+(30000-10000)×1.859%=628.555
30000~50000	1.551	50000	628.555+(50000-30000)×1.551%=938.755
5000~100000	1.148	100000	938.755+(100000-50000)×1.148%=1512.755
100000~150000	0.925	150000	1512.755+(150000-100000)×0.925%=1975.255
150000~200000	0.723	200000	1975.255+(200000-150000)×0.723%=2336.755
200000~300000	0.521	300000	2336.755+(300000-200000)×0.521%=2857.755
300000~400000	0.436	400000	2857.755+(400000-300000)×0.436%=3293.755
400000~600000	0.394	600000	3293.755+(600000-400000)×0.394%=4081.755
600000~800000	0.350	800000	4081.755+(800000-600000)×0.35%=4781.755
80000~1000000	0.328	1000000	4781.755+(1000000-800000)×0.328%=5437.755
1000000以上	0.306	1200000	5437.755+(1200000-1000000)×0.306%=6049.755

(二)建设项目信息化费

建设项目信息化费以定额建筑安装工程费为基数,二类工程按表3-2的费率,以累进方法计算。

建设项目信息化费费率表

表 3-2

定额建筑安装工程费（万元）	费率（%）	算例（万元）	
		定额建筑安装工程费	建设项目信息化费
500 及以下	0.390	500	500×0.39% =1.95
500～1000	0.294	1000	1.95+(1000－500)×0.294% =3.42
1000～5000	0.231	5000	3.42+(5000－1000)×0.231% =12.66
5000～10000	0.185	10000	12.66+(10000－5000)×0.185% =21.91
10000～30000	0.164	30000	21.91+(30000－10000)×0.164% =54.71
30000～50000	0.146	50000	54.71+(50000－30000)×0.146% =83.91
50000～100000	0.131	100000	83.91+(100000－50000)×0.131% =149.41
100000～150000	0.111	150000	149.41+(150000－100000)×0.111% =204.91
150000～200000	0.104	200000	204.91+(200000－150000)×0.104% =256.91
200000～300000	0.092	300000	256.91+(300000－200000)×0.092% =348.91
300000～400000	0.088	400000	348.91+(400000－300000)×0.088% =436.91
400000～600000	0.085	600000	436.91+(600000－400000)×0.085% =606.91
600000～800000	0.083	800000	606.91+(800000－600000)×0.083% =772.91
800000～1000000	0.081	1000000	772.91+(1000000－800000)×0.081% =934.91
1000000 以上	0.079	1200000	934.91+(1200000－1000000)×0.079% =1092.91

（三）工程监理费

工程监理费以定额建筑安装工程费为基数，二类工程按表 3-3 的费率，以累进方法计算。

工程监理费费率表

表 3-3

定额建筑安装工程费（万元）	费率（%）	算例（万元）	
		定额建筑安装工程费	工程监理费
500 及以下	2.54	500	500×2.54% =12.7
500～1000	2.03	1000	12.7+(1000－500)×2.03% =22.85
1000～5000	1.77	5000	22.85+(5000－1000)×1.77% =93.65
5000～10000	1.64	10000	93.65+(10000－5000)×1.64% =175.65
10000～30000	1.58	30000	175.65+(30000－10000)×1.58% =491.65
30000～50000	1.55	50000	491.65+(50000－30000)×1.55% =801.65
50000～100000	1.50	100000	801.65+(100000－50000)×1.5% =1551.65
100000～150000	1.45	150000	1551.65+(150000－100000)×1.45% =2276.65
150000～200000	1.39	200000	2276.65+(200000－150000)×1.39% =2971.65
200000～300000	1.31	300000	2971.65+(300000－200000)×1.31% =4281.65
300000～400000	1.26	400000	4281.65+(400000－300000)×1.26% =5541.65
400000～600000	1.23	600000	5541.65+(600000－400000)×1.23% =8001.65
600000～800000	1.20	800000	8001.65+(800000－600000)×1.2% =10401.65
800000～1000000	1.16	1000000	10401.65+(1000000－800000)×1.16% =12721.65
1000000 以上	1.12	1200000	12721.65+(1200000－1000000)×1.12% =14961.65

(四)设计文件审查费

设计文件审查费以定额建筑安装工程费为基数,二类工程按表 3-4 的费率,以累进方法计算。

设计文件审查费费率表　　表 3-4

定额建筑安装工程费(万元)	费率(%)	算例(万元)	
		定额建筑安装工程费	设计文件审查费
5000 及以下	0.054	5000	5000 ×0.054% =2.7
5000 ~10000	0.050	10000	2.7 + (10000 -5000) ×0.05% =5.2
10000 ~30000	0.048	30000	5.2 + (30000 -10000) ×0.048% =14.8
30000 ~50000	0.046	50000	14.8 + (50000 -30000) ×0.046% =24
50000 ~100000	0.046	100000	24 + (100000 -50000) ×0.046% =47
100000 ~150000	0.043	150000	47 + (150000 -100000) ×0.043% =68.5
150000 ~200000	0.041	200000	68.5 + (200000 -150000) ×0.041% =89
200000 ~300000	0.040	300000	89 + (300000 -200000) ×0.04% =129
300000 ~400000	0.039	400000	129 + (400000 -300000) ×0.039% =168
400000 ~600000	0.037	600000	168 + (600000 -400000) ×0.037% =242
600000 ~800000	0.036	800000	242 + (800000 -600000) ×0.036% =314
800000 ~1000000	0.036	1000000	314 + (1000000 -800000) ×0.036% =386
1000000 以上	0.035	1200000	386 + (1200000 -1000000) ×0.035% =456

第十二条　建设项目前期工作费

建设项目前期工作费以定额建筑安装工程费为基数,二类工程按表 3-5 费率,以累进方法计算。

建设项目前期工作费费率表　　表 3-5

定额建筑安装工程费(万元)	费率(%)	算例(万元)	
		定额建筑安装工程费	建设项目前期工作费
500 及以下	1.88	500	500 ×1.88% =9.4
500 ~1000	1.69	1000	9.4 + (1000 -500) ×1.69% =17.85
1000 ~5000	1.59	5000	17.85 + (5000 -1000) ×1.59% =81.45
5000 ~10000	1.54	10000	81.45 + (10000 -5000) ×1.54% =158.45
10000 ~30000	1.49	30000	158.45 + (30000 -10000) ×1.49% =456.45
30000 ~50000	1.46	50000	456.45 + (50000 -30000) ×1.46% =748.45
50000 ~100000	1.42	100000	748.45 + (100000 -50000) ×1.42% =1458.45
100000 ~150000	1.37	150000	1458.45 + (150000 -100000) ×1.37% =2143.45
150000 ~200000	1.30	200000	2143.45 + (200000 -150000) ×1.3% =2793.45
200000 ~300000	1.24	300000	2793.45 + (300000 -200000) ×1.24% =4033.45
300000 ~400000	1.21	400000	4033.45 + (400000 -300000) ×1.21% =5243.45

续上表

定额建筑安装工程费（万元）	费率（%）	算例（万元）	
		定额建筑安装工程费	建设项目前期工作费
400000～600000	1.16	600000	5243.45+(600000-400000)×1.16%=7563.45
600000～800000	1.13	800000	7563.45+(800000-600000)×1.13%=9823.45
800000～1000000	1.10	1000000	9823.45+(1000000-800000)×1.1%=12023.45
1000000以上	1.08	1200000	12023.45+(1200000-1000000)×1.08%=14183.45

第十三条 专项评价(估)费

专项评价(估)费是指依据国家法律、法规以及云南省规定进行评价(估)、咨询应支付的费用。工程可行性研究阶段需明确专项评价(估)的项目、工作内容。

专项评价(估)费用应执行国家颁发的收费标准、规定,以及相应的技术服务合同或参照类似工程已发生的费用,并列入甲组文件08表。

第四章　附　　则

第十四条 本办法由云南省交通运输厅负责解释。

第十五条 本办法自2019年5月1日起执行,《云南省公路基本建设项目估算概算预算编制办法补充规定》(云交基建〔2013〕3号)和《云南省交通运输厅关于印发省公路基本建设项目估算概算预算编制办法补充规定"营改增"调整方案的通知》(云交基建〔2016〕679号)同时废止。

2019年6月6日

西藏自治区交通运输厅关于贯彻执行交通运输部2018 年公路工程建设项目投资估算、概算预算编制办法及《西藏自治区公路工程建设项目估算概算预算编制办法补充规定》的通知

(藏交发〔2019〕300 号)

各市(地)交通运输局,厅属相关单位、机关相关(处)室:

根据交通运输部关于发布《公路工程建设项目投资估算编制办法》《公路工程建设项目概算预算编制办法》及《公路工程估算指标》《公路工程概算定额》《公路工程预算定额》《公路工程台班费用定额》的公告(交通运输部 2018 年第 86 号公告,以下简称"新计价标准")精神,结合我区公路工程建设具体情况,经 7 月 5 日、7 月 7 日厅专题会议研究,现将《西藏自治区公路工程建设项目估算概算预算编制办法补充规定》下发,请遵照执行。未涉及的内容,严格按照部颁编制办法执行。

本补充规定自 2019 年 5 月 1 日起执行,全区公路工程建设项目以交通运输部概算预算批复为准。关于发布〈西藏自治区公路工程基本建设项目概算预算编制办法补充规定〉的通知》(藏交办发〔2011〕59 号)同时废止。

附件:西藏自治区公路工程建设项目估算概算预算编制办法补充规定

西藏自治区交通运输厅

2019 年 7 月 8 日

附件

西藏自治区公路工程建设项目估算概算预算编制办法补充规定

第一章　总　　则

1.1　为贯彻执行交通运输部第86号公告,结合西藏自治区公路建设实际,制定本补充规定。

1.2　本补充规定适用于西藏自治区管辖范围内的新建、改(扩)建公路工程建设项目,公路养护工程可参照执行。

1.3　本补充规定作为西藏自治区公路行业计价标准,是交通运输部公路工程计价标准在西藏自治区的补充;在编制估算概算预算时本补充规定已明确的内容应遵照执行,本补充规定未明确的内容,应遵照《公路工程建设项目估算编制办法》(JTG 3820—2018)《公路工程建设项目概预算编制办法》(JTG 3830—2018)(以下简称“18编办”)的相关规定执行。

第二章　建筑安装工程费

2.1　直接费

2.1.1　人工费

1.根据有关规定,我区人工工日单价按照地区类别划分标准执行,地区类别划分见附表。

2.人工工日单价(元/工日)由西藏自治区交通运输厅按照西藏自治区公路建设项目人工工资统计情况和公路建设劳务市场情况的变化,适时测算和发布。

3.路线跨越不同地区类别时,按线路长度加权计算人工工日单价。

4.本补充规定发布的人工工日单价仅作为编制估算、概算、预算的依据,不作为施工企业实发工资的依据,人工工日单价见表2.1。

西藏自治区公路工程人工工日单价表　　表2.1

地区类别	二类	三类	四类
人工单价(元/工日)	174.48	187.57	202.05

2.1.2　材料费

材料预算价格由材料原价、运杂费、场外运输损耗、采购及保管费组成。

1.材料原价

外购材料原价参照西藏自治区交通公路工程造价管理站发布的《西藏公路工程造价信息》及调查的市场价格综合取定;地方性材料需要自采加工的,按照调查的现场采集条件及成品率,套用相关定额分析计算;地方性材料当有社会供应与自采加工两种方式时采用经济价格,并在估算、概算、预算文件中附经济分析资料。

2. 运杂费

由设计单位进行市场调查,同时参考西藏自治区人民政府相关文件规定,并经建设项目管理(业主)单位确认。

2.1.3　施工机械使用费

施工机械台班费用中的不变费用采用 1.3 的调整系数。

2.2　规费

规费以各类工程的人工费之和为基数,按照费率总计 37.15% 的标准计算,各项规费的费率如下:

1. 养老保险费:16%;

2. 失业保险费:0.5%;

3. 医疗保险费:8%;

4. 住房公积金:12%;

5. 工伤保险费:0.65%。

规费若有调整,则按照新的相关文件执行。

2.3　税金

税金按照国家最新政策规定执行。

第三章　附　　则

3.1　本补充规定的管理权和解释权归西藏自治区交通运输厅,日常解释和管理工作由西藏自治区交通公路工程造价管理站负责。

3.2　请各单位在实践中总结经验,执行过程中如有建议或意见,请及时函告西藏自治区交通公路工程造价管理站。

附表

西藏自治区地区类别划分表

类别	地市名称	包括范围
第二类区	拉萨	拉萨市城关区及所属办事处;堆龙德庆县驻地、东嘎区、古荣区、玛区、乃琼区、柳梧区、德庆区;墨竹工卡县驻地、墨竹工卡区、巴洛区、唐家区、直孔区、扎雪区;曲水县驻地、聂当区、菜纳区、曲水区、达嘎区;色麦区、达孜县驻地、德庆区、拉木区、唐嘎区、帮堆区;尼木县驻地、尚日区、吞区、尼木区
	山南	乃东县驻地、泽当区、昌珠区、颇章区、亚堆区、温区、丁那;贡嘎县驻地、吉雄区、朗杰学区、杰德秀区、昌果区、前进区、江塘区;扎囊县驻地、扎塘区、扎其区、结林区、吉汝区、桑伊区;桑日县驻地、绒区、桑日区、沃卡区;加查县驻地、安绕区、冷达区、加查区、红旗区、拉绥区;朗县驻地、古人朗杰区、洞嘎区、金东区、拉多区;琼结县驻地、穷果区、曲沟区、久河区;曲松县驻地、下江区、下洛区、堆水区;浪卡子县的卡拉区;错那县的勒布区、觉拉区;洛扎县驻地、拉康区、嘎波区、生格区、边巴区;隆子县驻地、三安曲林区、加玉区、新巴区;措美县的当巴区、乃西区
	日喀则	日喀则县驻地、城关镇、东嘎区、甲措区、大竹区、江当区、曲美区;南木林县的多角区,艾马岗区、土布加区;萨迦县的孜松区、吉定区;拉孜县的拉孜区、扎西岗区、彭错林区;定日县的卡达区、绒辖区;聂拉木县驻地;吉隆县的吉隆区;谢通门县驻地、恰嘎区;江孜县的卡麦区、重孜区;仁布县驻地、仁布区、德吉林区;亚东县驻地、下司马镇、下亚东区、上亚东区;白朗县驻地、洛布穷孜区、杜穷区、嘎东区、强堆区;樟木口岸
	林芝	工布江达县驻地、峡龙区、雪卡区、仲萨区、娘蒲区、加兴区、金达区、朱拉区、措高区、江达区;林芝县驻地、达则区、百巴区、米瑞区、八一区、八一镇、布久区、东久区;米林县驻地、米林区、扎西绕登区、姜纳区、卧龙区、里龙区、派区;朗县驻地、古如朗杰区、洞嘎区、金东区、拉多区;察隅县的察瓦龙区;波密县驻地、扎木区、硕多区、许木区、玉仁区、八盖区、多吉区、松宗区、康玉区
	昌都	昌都县驻地、城关区、俄洛区、沙贡区、达邑区、日通区、加卡区、柴维区;左贡县的萨诺区、中林卡区、下林卡区;察雅县驻地、烟多区、吉塘区、卡贡区、荣周区;八宿驻地、白马区、林卡去;察隅县驻地、竹瓦根区;古玉区、古拉区、下察隅区、上察隅区;江达县的同普区、波罗区、岗托区、汪布堆区;芒康县的徐中区、盐井区、朱巴龙区、如美区;昌都县的嘎马区;丁青县驻地、丁青区、协雄区、尺牍区、色扎区、当堆区、觉恩区、沙贡区;边坝县驻地、草卡区、边坝区、拉孜区、沙丁区、热玉区;贡觉县驻地、波洛区、香具区、哈加区;左贡县驻地、扎玉区、乌雅区;察雅县的则松区、香堆区、王卡区;八宿县的然乌区、夏里区;江达县驻地、卡贡区;洛隆县驻地、硕般多区、俄西区、新荣区、孜托区、洛隆区、马利区;类乌齐县驻地、桑多区、尚卡区、甲桑卡区;芒康县驻地、嘎托区、措瓦区、宗西区、邦达区、奔巴区、鲁然区
	青藏线	青藏公路青海省的格尔木、大柴旦的西藏各单位;青藏公路的花梅子、长草沟沿途西藏各站
第三类区	拉萨	墨竹贡嘎县的门巴区;林周县驻地、唐古区、阿朗区、旁多区;尼木县的安岗区、帕古区、麻江区;当雄县驻地、公塘区、羊八井区、宁中区、乌马塘区
	山南	桑日县的真纠区;琼结县的加麻区;曲松县的贡康沙区、邛多江区;浪卡子县驻地、浪卡子区、打隆区、多却区、隆布雪区、阿扎区、白地区、东嘎区;错那县驻地、洞嘎区、错那区;洛扎县的色区、蒙达区;隆子县的日当区、扎日区、俗坡下区、雪萨区;措美县驻地、当许区
	日喀则	南木林县驻地、南木林区、乌郁区、芒热(猛武)区、仁堆区、拉布区、甲措区;定结县驻地、陈塘区、萨尔区、定结区、金龙区;萨迦县驻地、萨迦区、麻加区、赛区;拉孜县驻地、曲下区、温泉区、柳区;定日县驻地、帕卓区、长所区、措果区、协格尔区、定日区、克玛区、白巴区;聂拉木县的章东区、门布区、锁作区;吉隆县驻地、宗嘎区、差那区、贡当区;谢通门县的塔玛区、查拉区、德来区;昂仁县驻地、煤矿区、多白区、亚木区、卡嘎区;江孜县驻地、江孜城关区、年堆区、卡堆区、江热区、龙马区、金嘎区;康马县驻地、康马区、康如区、萨马达区、嘎拉区、少岗区、涅如区;仁布县的帕当区、然巴区、亚德区;亚东县的帕里镇、堆纳区;白朗县的汪丹区;萨噶县的旦嘎区

续上表

类别	地市名称	包 括 范 围
第三类区	林芝	墨脱县驻地、墨脱区、加热萨区、旁辛区、德兴区、背崩区、金球(格当)区
	昌都	昌都县的妥坝区、拉多区、面达区;边巴县的恩来格区;贡觉县的则巴区、拉妥区、木协区、罗麦区、雄松区;左贡县的田妥区、美玉区;察雅县的括热区、宗沙区;八宿县的邦达区、同卡区、夏雅区;江达县的德登区、青泥洞区、字嘎区、西邓科区、生达区;洛隆县的腊久区;类乌齐县的长毛岭区、卡马多(巴夏)区、类乌齐区;芒康县的戈波区
	那曲	巴青县驻地、高口区、益塔区、雅安多区;索县驻地、索巴区、荣布区、江达区、军巴区、宁巴区;比如县驻地、比如区、热西区、柴仁区、彭盼区、山扎区、白嘎区;嘉黎县的尼屋区
	青藏线	青藏公路的西大滩运输站、加油站
第四类区	拉萨	当雄县的纳木错区
	山南	贡嘎县的东拉区;浪卡子县的张达区、林区;措美县的哲古区
	日喀则	定结县的德吉区(日屋区);谢通门县的春哲(龙桑)区、南木切区;昂仁县的桑桑区、查孜区、措麦区;仲巴县驻地、扎东区、帕羊区、隆嘎尔区、岗久区;岗巴县驻地、岗巴区、塔杰区;萨噶县驻地、加加区、雄如区、达吉岭区
	昌都	丁青县的嘎塔区
	那曲	那曲县驻地、那曲镇、那曲区、达仁区、哈尔麦区、马尔达区、罗马区、桑雄区、孔马区、谷露区;安多县驻地、买玛区、扎萨区、东巧区、多玛区、扎仁区;聂荣县驻地、错阳区、白雄区、查吾拉区、尼玛区、扎玛区;巴青县的江绵区、仓来区、巴青区、本索区;比如县的下秋卡区、恰则区;班戈县驻地、江措区、青龙区、多巴区、普保区、赛龙区、保吉区、德庆区、新吉区、均那区;双湖办事处驻地、色哇区、尼玛区、察桑区、容玛区;嘉黎县驻地、嘉利区、同德区、阿扎区、色日绒区、巴嘎区、桑巴区、麦地卡区;申扎县驻地、申扎区、雄梅区、巴扎区;文部办事处驻地、文部区、吉瓦区、邦多区、甲谷区、卓瓦区
	阿里	地区所在地(狮泉河镇);噶尔县驻地、昆沙区、门士区、左左区、扎西岗区;日土县驻地、热邦区、日土区、多玛区、日松区;扎达县驻地、扎布让区、底雅区、萨让区、达巴区、曲松区、香孜区;普兰县驻地、兴巴区(普兰区、或隆区)、巴嘎区、霍尔区;革吉县驻地、雄巴区、盐湖区、邦巴区、亚热区;改则县驻地、洞措区、麻米区、康托区、物玛区、察布区;措勤县驻地、达雄区、江让区、措勤区、磁石区
	青藏线	青藏公路由青海省的昆仑山口至西藏那曲的那曲县境

陕西省交通运输厅关于印发《〈公路工程建设项目投资估算编制办法〉〈公路工程建设项目概算预算编制办法〉补充规定》的通知

（陕交发〔2019〕93号）

各设区市、韩城市、杨凌示范区、西咸新区交通运输局，厅直各单位，各高速公路建设项目管理单位：

为贯彻交通运输部公告（第86号）《交通运输部关于发布〈公路工程建设项目估算编制办法〉〈公路工程建设项目概算预算编制办法〉及〈公路工程估算指标〉〈公路工程概算定额〉〈公路工程预算定额〉〈公路工程机械台班费用定额〉的公告》（以下简称"18编制办法及配套指标、定额"）有关要求，加强全省公路工程建设项目造价管理，规范公路工程建设项目投资估算、设计概算、施工图预算编制，结合我省实际制定如下补充规定，请各单位认真贯彻执行。

一、适用范围及要求

1. 本通知适用于编制全省新建、改（扩）建的公路工程建设项目投资估算，设计概算和施工图预算。

2. 本通知发布前已上报审批部门的建设项目，可执行原编制办法及配套指标、定额，不再进行调整。

3. 调整概算、设计变更预算执行批复概算、预算时所采用的编制办法及配套定额。

二、工程费用

1. 人工费

我省公路工程新建、改（扩）建人工工日单价为105.89元/工日（含机械工），人工工日单价仅作为编制投资估算、设计概算和施工图预算的依据，不作为施工企业实发工资的依据。

2. 材料费

公路工程建设项目材料价格参照省交通运输工程造价事务中心发布的信息价和工程所在地区的市场调查价综合取定。

3. 施工机械使用费

机械台班预算价格按《公路工程机械台班费用定额》（JTC/T 3833—2018）计算，其中台班人工费工日单价同生产工人人工工日单价，动力燃料费按工程项目的材料预算价格计算，车船使用税按陕西省税务部门有关规定执行。

三、费率标准

1. 规费

根据陕西省有关规定，公路工程规费以各类工程的人工费之和为基数按下表计算。

规范费率表

规费项目	费率标准(%)	规费项目	费率标准(%)
养老保险费	16	工伤保险费	0.91
失业保险费	0.7	住房公积金	8.5
医疗保险费(含生育保险费)	7.25	合计	33.36

规费费率只作为编制估算、概算和预算的依据,不作为施工企业实际缴纳费用的依据。

2. 税金

按国家相关部门公布的建筑业增值税税率计算。

四、土地使用及拆迁补偿费

1. 土地使用费及拆迁补偿费应根据设计文件确定的建设用地(含临时占地)面积及附着物情况,按陕西省人民政府颁布的有关规定和标准计算,陕西省人民政府未颁布有关规定和标准的费用内容,可按项目所在地设区市人民政府颁布的有关规定和标准计算。

2. 对项目涉及军事设施、电力电信设施、管线、压覆矿产、水利工程、铁路设施及企事业单位征迁的,由建设单位会同设计单位与有关部门协商合理的解决方案及补偿金额以计列相关费用。

五、估算指标

1. 为贯彻落实绿色公路,品质工程、钢结构桥梁等要求,对工程建设中有特殊工艺要求,在工程可行性研究阶段应结合方案深入研究,合理计列相关费用。

2. 根据《公路工程估算指标》(JTG/T 3821—2018)有关规定,结合近年来我省公路建设项目绿化工程实际,绿化工程估算指标按下表计算。

绿化工程估算指标表　　单位:万元/公路公里

公路等级	估算指标	公路等级	估算指标
高速公路	40	二级公路	20
一级公路	30	三、四级公路	10

六、其他

1. 本通知未涉及的费用项目、内容和计算标准及方法按 18 编制办法及配套指标、定额规定执行。

2. 公路工程投资估算、设计概算和施工图预算文件报审时,应报送项目前后阶段费用对比表、完整的造价电子数据文件及有关新工艺单价分析资料。

3. 本通知的解释权归省交通运输厅,日常解释工作由省交通运输工程造价事务中心负责。

4. 本通知自 2019 年 9 月 1 日起执行。《关于执行交通部公路工程概算预算定额及编制办法的通知》(陕交发〔2008〕117 号)及《关于执行交通运输部〈公路工程基本建设项目作算编制办法〉和〈公路工程估算指标〉的通知》(陕交函〔2012〕419 号)同时废止。

陕西省交通运输厅

2019 年 8 月 21 日

甘肃省交通运输厅关于印发《甘肃省执行交通运输部〈公路工程建设项目投资估算编制办法〉〈公路工程建设项目概算预算编制办法〉的补充规定(试行)》的通知

(甘交建设〔2019〕2号)

各市(州)交通运输局(委),省公航旅集团、省公交建集团,省公路局、省高速公路局、省交通质监局:

《甘肃省执行交通运输部〈公路工程建设项目投资估算编制办法〉〈公路工程建设项目概算预算编制办法〉的补充规定(试行)》已经5月28日厅务会研究通过,现印发给你们,请遵照执行。

甘肃省交通运输厅

2019年5月29日

甘肃省执行交通运输部《公路工程建设项目投资估算编制办法》《公路工程建设项目概算预算编制办法》的补充规定(试行)

为加强我省公路工程建设项目的造价管理,统一全省公路工程建设项目造价编制原则,根据交通运输部公告(第86号)颁布实施的《公路工程建设项目投资估算编制办法》(JTG 3820—2018)、《公路工程建设项目概算预算编制办法》(JTG 3830—2018)、《公路工程估算指标》(JTG/T 3821—2018)、《公路工程概算定额》(JTG/T 3831—2018)、《公路工程预算定额》(JTG/T 3832—2018)、《公路工程机械台班费用定额》(JTG/T 3833—2018),结合我省公路工程建设的实际,特制定本补充规定。

一、适用范围

本补充规定适用于省内新建、改(扩)建公路工程建设项目造价文件的编制、管理。

二、执行时间及要求

凡在2019年5月29日前已审批初步设计概算的公路工程建设项目仍执行原定额和办法,不再进行调整,且施工图预算仍执行原计价依据。

凡在2019年5月29日后审批初步设计概算的公路工程建设项目,造价文件应执行新计价依据。

三、人工费

我省新建和改(扩)建的公路工程建设项目,人工工日单价(含机械工)按103.41元/工日执行。

人工费标准按照全省公路建设项目人工工资情况统计综合分析确定,由甘肃省交通运输厅发布并根据人工市场变化适时调整。

该人工单价仅作为编制工程投资估算、概算预算的依据,不作为施工企业实发工资的依据。

四、规费

规费指按法律、法规、规章、规程规定施工企业必须缴纳的费用,包含有养老保险费、失业保险费、医疗保险费(含生育保险)、工伤保险费和住房公积金。

各项规费以各类工程的人工费之和为基数,按下表执行:

规费费率表

规费名称	养老保险费	失业保险费	医疗保险费	工伤保险费	住房公积金
费率(%)	16	1	10	1	7

规费只是编制投资估算、概算预算的依据,不作为施工企业缴纳的标准。国家及我省对规费调整时,从其新规定。

五、税金

税率按照国家税务总局规定的现行税率计算。

六、有关事项

(一)本次仅针对人工费及规费进行补充规定,其他未提及的措施费、企业管理费、利润、专项费用等建筑安装工程费及工程建设其他费、预备费等取费标准暂按照部颁办法执行,省厅将根据实际使用情况及反馈信息适时补充调整。

(二)本补充规定自印发之日起生效,省交通运输厅于2012年发布的《甘肃省执行交通运输部2011年公路工程基本建设项目投资估算编制办法的补充规定》(甘交发〔2012〕62号)、《甘肃省执行交通部2007年公路基本建设项目概算预算编制办法的补充规定》(甘交发〔2012〕63号)、2016年发布的关于执行交通运输部《公路工程营业税改征增值税计价依据调整方案》有关事宜的通知(甘交规划〔2016〕173号)同时废止。

(三)本补充规定由甘肃省交通工程质量安全监督管理局(甘肃省公路工程定额管理站)负责解释。

2019年5月29日

青海省交通运输厅办公室关于执行交通运输部第 86 号公告的通知

(青交办建管〔2019〕184 号)

厅属各相关单位:

为合理确定工程造价,有效控制工程投资,根据《交通运输部关于发布〈公路工程建设项目投资估算编制办法〉〈公路工程建设项目概算预算编制办法〉及〈公路工程估算指标〉〈公路工程概算定额〉〈公路工程预算定额〉〈公路工程机械台班费用定额〉的公告》(交通运输部 2018 年第 86 号)(以下简称"部 86 号公告"),结合我省公路建设项目实际情况,现将执行部 86 号公告的相关事宜通知如下:

一、执行依据

依据《公路工程造价管理暂行办法》(交通运输部 2016 年第 67 号令)、"部 86 号公告"、《公路工程建设项目造价文件管理导则》(JTG 3810—2017)(以下简称"管理导则"),结合《青海省交通运输厅关于印发〈青海省公路建设管理指南〉的通知》(青交建管〔2018〕90 号)相关要求制定本通知。

二、适用范围

本通知适用于我省国道和省道公路新建、改(扩)建项目投资估算、概(预)算编制和造价管理。

三、有关规定

(一)造价文件编制

公路工程建设项目投资估算造价文件项目表的序列及内容编制应执行附件 1 相关规定,概算预算造价文件项目表执行本附件 2 相关规定。

(二)直接费

1. 人工费

综合人工工日依据国家和我省相关规定及劳务市场情况进行综合分析,单价实行动态调整,由省交通运输厅制定发布。目前我省各市州综合人工工日单价标准应按表 2.1.1 的规定执行。

青海省公路工程综合人工工日单价标准表 表2.1.1

序号	市、州区划	综合人工工日单价(元/工日)
1	西宁市、海东市	149
2	海北州、海南州、海西州、黄南州	140
3	果洛州、玉树州	128

2. 材料费

(1)外购材料

材料原价采用《青海省公路工程造价管理信息》公布的指导价,其中《青海省公路工程造价管理信息》未涵盖的材料,由造价文件编制单位提供相关价格来源及依据。

(2)自采材料

砂石等材料原价根据设计文件提供的料场和开采方式、料场单价,结合建设单位、省交通造价站调查的市场价,综合分析确定。

3. 施工机械使用费

(1)机械台班不变费用

施工机械使用费依据交通运输部《公路工程机械台班费用定额》计算机械台班单价时,对第一类不变费用进行调整,调整系数为1.1。

(2)车船使用税

车船使用税执行附件3相关规定。

(三)设备购置费

设备购置费计算时原价采用《青海省公路工程造价管理信息》公布的指导价,《青海省公路工程造价管理信息》未涵盖的设备,由造价文件编制单位提供价格来源和依据。

(四)措施费

1. 雨季施工雨量区及雨季期划分按表3.4.1规定执行。

青海省雨季施工雨量区及雨季期划分表 表3.4.1

地区、市、自治州、盟(县)	雨量区	雨季期
西宁市(湟源县)、海东市(互助县、化隆县)、海北州(刚察县、祁连县除野牛沟外)、海南州(贵南县)、黄南州(泽库县)、玉树州(玉树市、曲麻莱县)	Ⅰ区	1
西宁市(大通县、湟中县)、海东市(平安区、乐都区、民和县、循化县),海北州(门源县、祁连县的野牛沟)、果洛州(玛沁县、达日县、甘德县)、黄南州(河南县)、玉树州(称多县、杂多县)		1.5
玉树州(囊谦县)		2
果洛州(班玛县)		2.5
果洛州(久治县)		3

2. 工地转移费计算转移里程时,以西宁市至工地的距离计算。

(五)企业管理费

主副食运费补贴综合里程计算时,粮食、蔬菜、燃料运距从离工地最近的州(市)、县计算,水采用全线平均运距。

(六)规费

规费按国家和省所在地法律、法规、规章规定的费率标准计算,现行费率标准按表 3.6.1 执行。

青海省公路工程规费标准表 表 3.6.1

序号	规 费 项 目	费 率 标 准(%)
1	养老保险	16
2	失业保险	0.5
3	医疗保险(含生育保险)	6.5
4	工伤保险	1.5
5	住房公积金	12
合计		36.5

(七)工程建设其他费

竣(交)工验收试验检测费按表 3.7.1 规定的标准执行。

1. 道路工程:按主线路基长度计算。高速公路、一级公路按四车道计算,二级及二级以下公路按两车道计算。每增加 1 个车道,按表 3.7.1 的费用增加 10%。

2. 桥梁工程:按主线桥梁、分离式立交、匝道桥的桥梁全长之和进行计算。高速公路、一级公路桥梁按双向四车道计算,每增加 1 个车道费用按表 3.7.1 的费用增加 15%,二级及二级以下公路的桥梁工程,按表 3.7.1 费用的 40% 计算。

3. 隧道工程:按双车道单洞长度计算。每增加 1 个车道费用按表 3.7.1 的费用增加 15%。

竣(交)工验收试验检测费 表 3.7.1

<table>
<tr><th colspan="3" rowspan="2">费 用 名 称</th><th rowspan="2">单位</th><th colspan="2">竣(交)工验收试验检测费</th><th rowspan="2">备 注</th></tr>
<tr><th>海拔≤3000m</th><th>海拔>3000m</th></tr>
<tr><td rowspan="4">道路工程</td><td colspan="2">高速公路</td><td rowspan="4">元/km</td><td>23500</td><td>30550</td><td rowspan="4">包括路基、路面、涵洞、通道、安全设施和机电、房建、绿化、环保及其他工程</td></tr>
<tr><td colspan="2">一级公路</td><td>17000</td><td>22100</td></tr>
<tr><td colspan="2">二级公路</td><td>11500</td><td>14950</td></tr>
<tr><td colspan="2">三级及三级以下公路</td><td>5750</td><td>7475</td></tr>
<tr><td rowspan="5">桥梁工程</td><td colspan="2">一般桥梁</td><td rowspan="5">元/延米</td><td>40</td><td>52</td><td rowspan="5">包括桥梁范围内所有土建、安全设施和机电、声屏障等环保工程及必要的动静载试验</td></tr>
<tr><td rowspan="4">技术复杂大桥</td><td>钢管拱</td><td>750</td><td>975</td></tr>
<tr><td>连续刚构</td><td>500</td><td>650</td></tr>
<tr><td>斜拉桥</td><td>600</td><td>780</td></tr>
<tr><td>悬索桥</td><td>560</td><td>728</td></tr>
<tr><td colspan="3">隧道工程
(双车道单洞)</td><td>元/m</td><td>80</td><td>104</td><td>包括隧道范围内的所有土建、安全设施、机电、消防设施等</td></tr>
</table>

注:匝道桥长度应折算为与主线桥宽一致的长度进行计算。

(八)投资估算绿化及环境保护工程费用指标执行本通知附件4的规定。

四、相关要求

(一)本通知自发布之日起施行,原由省厅印发的其他有关工程造价规定的内容与本通知不一致的,应按本通知执行;对本通知未涉及的工程费用其计算标准均按“部86号公告”规定计列。

(二)本通知发布之日前已批复或报审的公路工程建设项目投资估算、设计概算、施工图预算仍执行原编制办法和定额,不按本通知调整。

(三)编制、复核、审查人员应对编制的造价文件真实性和质量负责,在提供的造价文件上署名,并加盖执业资格印章。建设单位报批(报备)造价文件时,须同时交付造价文件编制基础数据电子版和“项目造价审查报告”,其主要内容见附件5。

(四)请各单位和从业人员严格执行“部86号公告”和本通知的规定,各单位在执行过程中有任何问题,请及时函告厅建管处。

附件:1.青海省公路工程投资估算项目表(略)
2.青海省公路工程概算预算项目表(略)
3.青海省公路工程建设项目车船使用税标准表(略)
4.《青海省公路绿化及环境保护》估算指标(略)
5.《项目造价审查报告》主要内容(略)

青海省交通运输厅办公室
2019年7月30日

宁夏回族自治区交通运输厅关于印发《宁夏回族自治区公路工程建设项目估算概算预算编制实施细则(试行)》的通知

(宁交办发〔2019〕165 号)

各有关单位:

根据交通运输部 2018 年第 86 号公告发布的《公路工程建设项目投资估算编制办法》(JTG 3820—2018)、《公路工程建设项目概算预算编制办法》(JTG 3830—2018)、《公路工程估算指标》(JTG/T 3821—2018)、《公路工程概算定额》(JTG/T 3831—2018)、《公路工程预算定额》(JTG/T 3832—2018)、《公路工程机械台班费用定额》(JTG/T 3833—2018),结合我区实际,自治区交通运输厅制定了《宁夏回族自治区公路工程建设项目估算概算预算编制实施细则(试行)》。现随文印发,请参照执行。

宁夏回族自治区交通运输厅

2019 年 7 月 8 日

宁夏回族自治区公路工程建设项目估算概算预算编制实施细则(试行)

根据交通运输部2018年第86号公告要求,《公路工程建设项目投资估算编制办法》(JTG 3820—2018)、《公路工程建设项目概算预算编制办法》(JTG 3830—2018)作为公路工程行业标准(以下简称为“新编制办法”);《公路工程估算指标》(JTG/T 3821—2018)、《公路工程概算定额》(JTG/T 3831—2018)、《公路工程预算定额》(JTG/T 3832—2018)、《公路工程机械台班费用定额》(JTG/T 3833—2018)作为公路工程行业推荐性标准,自2019年5月1日起施行。为贯彻执行好新编制办法及其配套指标和定额,依据交通运输部《公路工程造价管理暂行办法》,结合我区实际情况,对新编制办法实施作出以下补充说明。

一、基本要求

1. 本细则适用于我区新建、改(扩)建公路工程建设项目的投资估算、设计概算、施工图预算的编制。

2. 公路工程建设项目的投资估算、设计概算、施工图预算等造价文件应该由具有相应资质的设计、工程(造价)咨询单位负责编制,造价文件编制及审核人员应当具备相应的专业技术技能。

3. 造价文件要严格按照《公路工程建设项目造价文件管理导则》(JTG 3810—2017)、《公路工程建设项目投资估算编制办法》(JTG 3820—2018)、《公路工程建设项目概算预算编制办法》(JTG 3830—2018)等公路工程行业标准的规定进行编制,造价文件项目表中的项目编号、名称、单位,以及材料、机械的名称和编码,都要严格遵照相关规定执行。

二、执行时间和要求

1. 自2019年5月1日起,我区境内所有公路工程建设项目的估算、概算和预算均应执行新编制办法及其配套指标、定额,以及本实施细则。

2. 2019年5月1日前已经批复的公路建设项目,按以下要求执行:

(1)2019年5月1日前,工程可行性研究报告已经批复的建设项目,批复的估算不作调整,但设计概算、施工图预算要按新编制办法、新定额及本细则执行。

(2)2019年5月1日前,初步设计已经批复的建设项目,批复的概算不作调整,但施工图预算要按新编制办法及其定额及本细则执行。建设项目如需调概,则按照批复时的编制办法、定额、规定进行调整。

(3)2019年5月1日前,施工图设计已经批复的建设项目,批复的预算不作调整,设计变更预算按照原批复时的编制办法、定额、规定进行编制。

3. 2019 年 5 月 1 日前,已送审报批但尚未批复的建设项目,应按照新编制办法及其配套指标、定额和本细则重新编制上报。

三、直接费

1. 人工费:通过对我区公路建设劳动力市场价格调研及测算工作,将我区公路建设项目编制估算、概算、预算采用的人工工日单价调整为 104.5 元/工日(含机械工)。

2. 材料费:外购材料的原价,参照自治区公路工程造价管理站定期发布的指导价格和调查的市场价格合理取定;通过公路运输的材料,运杂费参照自治区公路工程造价管理站发布的信息计算。

3. 施工机械使用费:施工机械台班预算价格应按《公路工程机械台班费用定额》(JTG/T 3833—2018)计算,其中可变费用中的车船使用税按照我区最新的政策和规定计算。

四、措施费和企业管理费

1. 风沙地区施工增加费:我区地域内有毛乌素沙地和腾格里沙漠,路线如需穿过这两个风沙地区,工程勘察设计时根据覆盖度确定风沙区划,应根据路线穿越风沙地区长度按新编制办法规定折算。

2. 主副食运费补贴:平原微丘区综合里程统一按 5 公里计算,山岭重丘区综合里程统一按 10 公里计算,如情况特殊也可按实际情况计算。

五、规费

各项规费以各类工程的人工费(包括机械工)之和为基数,根据我区现行政策,按以下标准计算:

(1)养老保险费费率 16%;

(2)失业保险费费率 0.5%;

(3)医疗保险费(含生育保险费)费率 8.7%;

(4)工伤保险费费率 2.5%;

(5)住房公积金费率 8.5%。

六、税金

按国家规定的现行建筑业增值税税率计算,今后涉及建筑业增值税税率调整的,均按国家最新规定及时调整。

七、其他事项

1. 本细则中未做具体说明的计算标准,均按交通运输部新编制办法规定执行。

2. 我区公路绿化工程估算指标在新指标未发布之前,暂按宁交办发〔2012〕164 号《关于发布宁夏公路绿化工程估算指标的通知》中的要求执行。

3. 本细则中规定的人工工日单价、规费费率、材料原价和运杂费,仅作为编制公路工程估算、概算和预算的依据,不作为施工企业实发工资、实际缴纳规费及结算的依据。

4. 本细则自 2019 年 5 月 1 日起执行,自治区交通运输厅在 2019 年 5 月 1 日前发布的以下文件及规定同时废止:

(1)《关于执行交通部〈公路工程基本建设项目概算预算编制办法〉(JTG B06—2007)的通知》(宁交通知〔2008〕134 号);

(2)《关于调整我区公路工程人工费单价的通知》(宁交办发〔2011〕171 号);

(3)《关于执行交通运输部〈公路工程基本建设项目投资估算编制办法〉(JTG M20—2011)和〈公路工程估算指标〉(JTG/T M21—2011)的通知》(宁交办发〔2012〕45 号);

(4)《转发〈交通运输部办公厅关于印发公路工程营业税改征增值税计价依据调整方案的通知〉的通知》(宁交通知〔2016〕92 号)。

本实施细则的管理权和解释权归自治区交通运输厅,自治区公路工程造价管理站具体落实执行。请各有关单位在实践中注意总结经验,执行过程中若有意见和建议请函告自治区公路工程造价管理站。

2019 年 7 月 8 日

新疆维吾尔自治区交通运输厅关于发布我区公路工程人工工日单价及有关补充规定的通知

(新交综〔2019〕54号)

各有关单位：

根据交通运输部第86号公告发布的《公路工程建设项目投资估算编制办法》(JTG 3820—2018)、《公路工程建设项目概算预算编制办法》(JTG 3830—2018)及《公路工程估算指标》(JTG/T 3821—2018)、《公路工程概算定额》(JTG/T 3831—2018)、《公路工程预算定额》(JTG/T 3832—2018)、《公路工程机械台班费用定额》(JTG/T 3833—2018)(以下简称为“新计价依据”),结合我区实际,现将有关补充规定通知如下：

一、本补充规定发布之日前已批复的公路工程建设项目估算、概算或预算编审仍执行原计价依据,造价不再进行调整;本规定发布之日后上报或在本规定发布之日前上报但尚未批复的公路工程建设项目估算、概算或预算编审应执行新计价依据。

二、人工工日单价:我区新建、改(扩)建的公路工程建设项目,人工工日单价执行《新疆公路工程人工工日单价表》(详见附件),人工工日单价(元/日)仅作为估算、概算、预算的编审依据,不作为施工企业实发工资的依据;一条路线跨越两个以上不同工资区时,按各段路线长度加权计算人工工日单价。

三、规费:我区各项规费及费率为养老保险费16%、失业保险费0.5%、医疗保险费9.8%(其中基本医疗保险9%、生育保险0.8%)、住房公积金8%、工伤保险费0.5%计列。

规费根据国家及自治区法律、法规、规章、规程规定的标准适时进行动态调整。规费费率只作为编制和审查公路工程估算、概算、预算的依据,不作为施工企业实际缴纳费用的依据。

四、本补充规定自发布之日起实行。

附件:新疆公路工程人工工日单价表

新疆维吾尔自治区交通运输厅

2019年5月16日

附件

新疆公路工程人工工日单价表

类别	地　区	综合日工资（元/日）
二类	乌鲁木齐市、昌吉市、阜康市、石河子市	133.67
三类	奎屯市、塔城市、伊宁市、伊宁县	135.09
	吐鲁番市、沙湾县、乌苏市、阿拉尔市、阿克苏市、库尔勒市、库车县、鄯善县、哈密市、奇台县、吉木萨尔县	140.79
	温宿县、沙雅县、博乐市、精河县、轮台县、博湖县、焉耆县	143.41
	玛纳斯县、呼图壁县、五家渠市	146.49
	克拉玛依市	160.74
四类	新源县、霍城县、巩留县、察布查尔县、额敏县、托克逊县、尉犁县、和硕县、新和县、拜城县、阿瓦提县、温泉县、托里县、裕民县、柯坪县、乌什县、和静县、和布克赛尔县、阿勒泰市、布尔津县、富蕴县、福海县、哈巴河县、阿圈什市、特克斯县、尼勒克县	161.03
	图木舒克市、英吉沙县、喀什市、疏勒县、泽普县、麦盖提县、巴楚县、疏附县、岳普湖县、伽师县、木垒县	166.73
五类	和田市、和田县、墨玉县、洛浦县、吉木乃县、伊吾县、巴里坤县、昭苏县、青河县、皮山县、策勒县、于田县、民丰县、且末县	189.81
	莎车县、若羌县	194.37
六类	阿合奇县、阿克陶、乌恰县	261.06
	叶城县	265.62
	塔什库尔干县	281.58